Sonja Kühler

… und was machen Sie sonst so beruflich?

Die Autorin

Die 1975 geborene Musikerin und Autorin studierte nach dem Abitur Kirchenmusik und Musikpädagogik mit Klavier und Violoncello in Regensburg. Zurück im heimatlichen Chiemgau arbeitet sie seitdem als Kirchenmusikerin sowie als freiberufliche Musikerin und Musiklehrerin. Nach einer Weiterbildung zur Jazz- und Popchorleiterin ist sie auch vermehrt im modernen Musikgenre unterwegs. Zudem arbeitet sie an mehreren Schulen als Musikerzieherin und Musikerin.

Nach einem skurrilen Erlebnis bei einer Beerdigung begann die Autorin, ihre Geschichten aufzuschreiben, die sie nun in diesem Buch erstmals veröffentlicht.

Sonja Kühler lebt mit ihrem Mann, zwei Kindern und einer Katze im Chiemgau.

Sonja Kühler

... und was machen Sie sonst so beruflich?

Schräge Anekdoten aus dem Leben
einer Musikerin

Bibliografische Information der Deutschen Nationalbibliothek: Die Deutsche Nationalbibliothek verzeichnet diese Publikation in der Deutschen Nationalbibliografie; detaillierte bibliografische Daten sind im Internet über dnb.dnb.de abrufbar.

Umschlaggestaltung: © Grafikatelier Christa Tauser

Herstellung und Verlag: BoD – Books on Demand, Norderstedt

ISBN 978-3-7494-9561-0

... und davon kann man leben?

*... und können Sie das auch so singen wie
der Sänger auf der CD?*

... und was sagen die Nachbarn zu Ihrem Beruf?

... und können Sie alle Instrumente spielen?

... und wieso Honorar? Sie machen das doch gerne!

... und können Sie das auch leiser spielen?

Inhaltsverzeichnis

Vorwort

Die Corona-Pandemie 2020 hat auch mich, wie viele Musiker- und Künstlerkolleginnen und Kollegen ganz plötzlich und schwer getroffen. Von einem Tag auf den anderen wurden alle Veranstaltungen abgesagt, keine Konzerte durften mehr stattfinden und auch Gottesdienste waren verboten.

Das anstehende Osterfest wurde in nicht-öffentlichen Gottesdiensten gefeiert, Beerdigungen und Trauungen gab es nur noch im kleinsten Familienkreis und ohne Musik.

Nach einer gewissen Schockstarre, in der auch ich mir die Frage stellte, ob ich jemals wieder als Musikerin würde arbeiten können, kamen neue Ideen. Ich nutzte die Zeit, um wieder mehr auf all meinen Instrumenten zu üben, leider kommt das im Musikeralltag bisweilen zu kurz.

Regelmäßig erstellte ich Arrangements und Videos mit meiner Musik, die ich dann im Internet veröffentlichte und stellte fest, wie sehr meine Mitmenschen die Musik vermissten, denn ich bekam zahlreichen Zuspruch.

Und ich habe die ruhige Zeit genutzt, um mein Buch weiter zu schreiben. Vorher war es nur ein vager Gedanke, jetzt hatte ich plötzlich Zeit dafür.

Im Sommer 2020 gingen die Infektionszahlen zurück, die Schulen und Geschäfte öffneten, Kultur war zwar eingeschränkt, aber doch möglich und die Welt normalisierte sich wieder ein wenig.

Das Leben war voller Freude und jeder hatte die Hoffnung, dass die prognostizierte zweite Welle ausbleiben würde. Das tat sie aber leider nicht.

Im Herbst schnellten die Infektionszahlen nach oben und es begann wieder die Zeit des Lockdowns, zuerst ein „Lockdown light", bei dem nur die Kultur und die Gastronomie geschlossen wurde.

Dann kam schließlich im Dezember 2020 der harte Lockdown, bei dem das öffentliche Leben komplett heruntergefahren wurde und auch private Kontakte nur eingeschränkt erlaubt waren.

Für mich war das das Signal, mein Buch nun fertig zu schreiben, ich durfte ja das Haus eh nur noch zum Arbeiten und Einkaufen verlassen.

Aufgrund der Vielzahl der Erlebnisse sind in diesem Buch vorwiegend Geschichten aus meinem Berufsalltag als Kirchenmusikerin. Wobei natürlich auch aus dem weltlichen Musikbereich und gerade aus der Schule, in der ich als Musiklehrerin tätig bin, von unzähligen skurrilen Geschichten zu berichten wäre. Davon werde ich aber vielleicht ein andermal erzählen.

Auch jetzt, Anfang März 2021, ist immer noch keine Lockerung der Beschränkungen in Sicht, wir leben immer noch im harten Lockdown.

Trotzdem habe ich die Hoffnung und Zuversicht, dass sich alles bald zum Besseren wendet und ich wieder Musik machen darf wie vor der Pandemie.

Bis dahin schwelge ich in Erinnerungen und freue mich über die unzähligen Erlebnisse, die meinen Berufsalltag so abwechslungsreich und aufregend gestalten.

Und ich darf Sie, liebe Leser, ganz herzlich einladen mit mir einzutauchen in die Welt einer Musikerin, die oftmals ganz anders ist als erwartet und in der immer wieder herrlich schräge Geschichten passieren.

Ich wünsche Ihnen viel Spaß mit meinen musikalischen Anekdoten!

Ihre Sonja Kühler

… und was machen Sie sonst so beruflich?

Diesen und viele andere vorurteilsbehaftete Sätze, manches Halb- oder Gar-nicht-Wissen und auch manche Unverschämtheiten bekommt wohl jede Musikerin immer mal wieder zu hören. Und die folgende Szene, die ich selbst erlebt habe, stellt sicher keinen Einzelfall dar.

Ich war auf eine Party eingeladen, auf der ich kaum einen der Gäste kannte. An der Bar entstand dann der typische Smalltalk zwischen mir und zwei mir bislang unbekannten männlichen Partygästen.

Der Erste erzählte von seinem Job als Reproduktionsmediziner, von seiner Dissertation, die er leider gerade nicht fertig schreiben könne, weil die Gründung seiner eigenen Klinik so viel Zeit in Anspruch nehme. Und er amüsierte sich köstlich darüber, wie viele Frauen er in seinem Leben schon geschwängert habe, rein dienstlich natürlich.

Der Zweite ließ uns dann teilhaben an seinem Jet-Set-Leben als CEO einer unheimlich wichtigen Unternehmensberaterfirma, die derzeit seine ganze Power und Creativity erfordere, weil der Gang an die Börse unmittelbar bevorstehe und er dafür die komplette Responsibility trage.

Also erzählte auch ich vom Leben in der Pfarrei, meinen vier Chören und meinen Arrangements, gab Anekdoten mit meinen Schülern wieder und erwähnte beiläufig, dass ich jetzt dann ein Solo-Programm auf die Bühne bringen werde zusätzlich zu den Konzerten, die ich sonst so bestreite.

Der CEO runzelte die Stirn, holte sich eine Vorab-Bestätigung beim Reproduktionsmediziner und stellte mir dann mit einem milden Lächeln die 1-Million-Dollar-Frage: „... und was machen Sie sonst so beruflich?".

Wird man als Berufsmusiker das erste Mal mit dieser Frage konfrontiert, antwortet man einfach „Hä?", oder bestenfalls „Wie bitte?", so unerhört scheint sie zu sein. Hat man doch sein Leben seit Kindesbeinen an mit nichts anderem als dem Erlernen des Instrumentes verbracht.

Man hat das Erbe der Oma und sämtliche Ersparnisse für die Anschaffung von Instrumenten, Noten und den Unterricht ausgegeben. Und nun, nach zahlreichen Aufnahmeprüfungen, diversen Studien und Abschlussprüfungen ist man zwar mittellos, aber stolz und voller Idealismus, endlich im Musikerhimmel angekommen.

Hört man diese Frage bereits zum wiederholten Male, dann kommen mehrere Reaktionen in Frage:

1. „Das ist meine Arbeit! Ich bin Berufsmusikerin!".
   Dann erhält man mitunter ein mitleidiges Lächeln verbunden mit dem Satz „... und davon kann man leben?"

2. „Ansonsten führe ich erfolgreich ein kleines Familienunternehmen", was soviel heißt wie „ich bin Hausfrau und Mutter".
   Daraufhin habe ich aber schon folgende Antwort erhalten:
3. „Wie schön! Meine Frau kann es sich auch leisten, daheim zu bleiben und nur ehrenamtlich tätig zu sein, da ich genügend Geld nach Hause bringe."
4. Gerne antworte ich mittlerweile eher provokativ: „Ansonsten langweile ich mich ganz furchtbar. Aber das kennen Sie ja sicher, denn Sie können ja auch in Ihren Meetings Kekse essen, Kaffee trinken und ein Nickerchen machen, nicht wahr?"
5. Wenn ich besonders gut gelaunt bin und mein Gegenüber mir auch noch unsympathisch ist, dann antworte ich: „Naja, ansonsten gehe ich zum Amt und beantrage Hartz IV, aber erst nachdem ich die Einnahmen aus meiner Straßenmusikertätigkeit ordentlich im Safe versteckt habe, damit das Finanzamt davon nicht Wind bekommt."
6. Diese Möglichkeit juckt mich jedes Mal, ich habe sie allerdings bisher vermieden: meine Faust zentral ins Gesicht meines Gegenübers zu platzieren mit dem Kommentar „Ansonsten bin ich World Champion im Kickboxen, hatte ich das nicht erwähnt?".

Nachdem man als Musikerin aber immer wieder mit allerlei Vorurteilen zu kämpfen hat, gewöhnt man sich daran und oftmals lasse ich dumme Kommentare einfach unerwidert, lustigerweise können das aber einige Zeitgenossen gar nicht haben.

Wenn ihr Blutdruck dann bis zum nicht mehr messbaren Bereich gestiegen ist, empfehle ich, in einem meiner Chöre zu singen.

Singen entspannt unheimlich, ist gut für die Seele und dank eines Frauenüberschusses hätte selbst ein Reproduktionsmediziner hier ein weites Betätigungsfeld und sicher seine wahre Freude daran die Frauen zu beglücken.

Das zickende Örgelchen

Kurz nach Beginn meines Musikstudiums wurde ich für ein großes Konzert mit Chor und Orchester engagiert.

Ich wähnte mich im Organistenhimmel. Es war ein Konzert in den heiligen Hallen der Baumburger Stiftskirche, das Mekka vieler heimischer Musiker. Für mich war es eine Premiere dort, der ich gespannt entgegenfieberte.

Da das Konzert im Altarraum stattfinden würde, stand ein Orgelpositiv zur Verfügung, eine transportable einmanualige Orgel ohne Pedal, also ein nettes kleines Örgelchen.

Zu Beginn der Probe jedoch zickte das Örgelchen ein wenig und gab keinen Ton von sich.

Nachdem ich auf die Schnelle nichts entdeckte, was ich falsch gemacht haben konnte, gab ein gerade neben mir stehender Bassist dem Instrument kurzerhand einen gekonnten Tritt und siehe da, das zickende Örgelchen bequemte sich zu erwachen.

Die mehrstündige Probe stellte sich für mich als Berufsanfängerin dann durchaus als Herausforderung dar, denn jetzt mussten die einzeln geprobten Stimmen des Chores und des Orchesters in kürzester Zeit und mit möglichst großer Präzision zusammengefügt werden.

Bei der anschließenden Pause zwischen Probe und Konzert verschwendete ich keinen Gedanken mehr an mein Örgelchen, sondern machte mir vielmehr Kummer, ob ich alle Einsätze finden würde, ob ich die Tempi noch richtig im Gedächtnis hätte und wie ich es schaffen könnte, dass der Tenorsolist mich anschließend zum Essen einladen würde.

Das Orchester begab sich fünf Minuten vor Beginn des Konzerts auf seine Plätze, um zu stimmen. Ich trat wenige Minuten später gemeinsam mit dem Chor auf.

Ich schaltete den Motor meines Örgelchens ein und es passierte … nichts!

Kein Lämpchen, das die Funktion bestätigte und kein Atmen des Blasebalgs, der sich mit Luft füllte, die Orgel regte sich einfach kein bisschen.

Das Adrenalin schoss mir ins Blut, ich schaltete hektisch nochmal aus und wieder ein, zog hier am Stecker, drehte dort das Kabel, aber nichts geschah.

Der Bassist eilte wieder herbei und gab dem zickenden Örgelchen einen mittlerweile durchaus vehementen Tritt und gleich noch einen, aber es kam keinerlei Reaktion.

Nun gilt es bei derlei Problemen, den Dirigenten möglichst schnell auf sich aufmerksam zu machen. Wenn dieser nämlich an seinem Pult steht, vergewissert er sich nur kurz beim Konzertmeister, dass alle Instrumentalisten gestimmt haben, wirft einen schnellen Blick über seine 80 Musiker und wenn nicht gerade eine Sopranistin in der ersten Reihe in Ohnmacht fällt, gibt er den Einsatz.

Mit unübersehbarem Winken und einem halblaut geflüsterten „De Orgel geht ned" animierte ich ihn, sich dem Problem mit meinem Örgelchen zu widmen. Er als langjähriger Organist hätte vielleicht eine Lösung parat.

Genervt näherte er sich mir. Ich fühlte mich sofort wieder zurückversetzt in die Zeit, als ich seine Schülerin war, der er nun erklären würde, dass sie nur zu blöd sei, um die Orgel zum Laufen zu bringen. Verzweifelt spürte ich, wie meine Wangen nicht nur rot wurden, das waren sie eh schon in den letzten Minuten geworden, sondern fast explodierten. Mein Puls beschleunigte sich ins Unermessliche und ich wähnte mich der musikalischen Hölle nahe. Meine Gedanken rasten wie wild durcheinander und ich hörte das Publikum schon flüstern „ja mei, sie is hoid a Frau, de kennt se mid Technik ned so aus".

Dass ich als Kirchenmusikerin in einer Männerdomäne arbeitete, war mir schon seit Beginn des Studiums bewusst geworden. Bisher hatte ich mich auch ganz gut durchsetzen können in der Männerwelt, aber jetzt dieser herbe Rückschlag. Nun hatte ich hier mein erstes großes Konzert, meine Konzertkarriere könnte endlich Fahrt aufnehmen und dann das: eine streikende Orgel.

Kurz schoss mir auch der Gedanke an eine Verschwörung in den Kopf, möglicherweise war es Sabotage eines eifersüchtigen Kollegen? Oder hatte gar der liebe Gott seine Hände im Spiel und wollte mir zeigen, dass ich mich doch besser nach einem anderem Beruf umsehen sollte?

Mittlerweile war der Dirigent mit einem grimmigen Blick an meiner Seite und ich machte ihm sofort Platz, damit er sein Wunder vollbringen könnte. Er kontrollierte sämtliche Schalter und Kabel, wobei ich ihm zuflüsterte, dass wir das auch schon alles überprüft hatten. Nun gut, vielleicht macht es ja einen Unterschied, ob es der Lehrer oder die ehemalige Schülerin probiert. Nein, machte es wohl nicht, das Örgelchen blieb vehement stumm.

Auch ein durchaus eleganter Tritt von ihm mit seinen tadellos polierten Lackschuhen überzeugte das zickende Örgelchen in keinster Weise.

Das Publikum wurde mittlerweile unruhig und mit einem „Hilft nix" verschwand er schließlich schulterzuckend an sein Dirigentenpult und gab wenige Sekunden später den Einsatz für das erste Stück.

Völlig konsterniert saß ich nun an meinem zickenden Örgelchen inmitten des Orchesters und wünschte mir eine Falltür, durch die ich elegant vom Erdboden verschwinden könnte. Ich überlegte, ob ich während des Konzerts nun sitzen bleiben sollte, ich könnte ja quasi playback ohne Ton spielen.

Nach kurzer Überlegung entschied ich mich aber dann doch, mich während der Umbaupause nach dem ersten Stück still und heimlich zu entfernen und mein zickendes Örgelchen einfach seinem Schicksal zu überlassen.

Ich war ihm auch richtig beleidigt, ich verfluchte es und schwor mir, nie wieder auf diesem Instrument auch nur einen einzigen Ton zu spielen.

Zuhause angekommen vergrub ich mich erst einmal, ging nicht ans Telefon, als der Dirigent mich anzurufen versuchte und schämte mich wegen dieses grandiosen Desasters.

Das anvisierte Abendessen mit dem Tenorsolisten fiel natürlich ins Wasser.

Einige Tage später erreichte mich der Dirigent dann doch, meine Wut und meine Scham hatten sich ein wenig gelegt.

Meine Befürchtung, dass diese Blamage auch noch in der Presse würde verarbeitet und ich nun zum Gespött der Leute werden würde, hatte sich glücklicherweise nicht bewahrheitet.

Und so konnten wir dann schon wieder herzlich über das zickende Örgelchen lachen und ich erhielt ein großes Lob vom Dirigenten, wie souverän ich mich in dieser Situation verhalten hatte. Böse war er mir nicht, er meinte sogar, derlei Probleme müsse jeder mal in seiner Karriere durchleben, auch ihm wäre schon Ähnliches passiert.

Trotzdem bin ich seitdem ein wenig skeptisch und überprüfe jede Orgel und erst recht jedes Örgelchen mindestens eine Viertelstunde vor dem Konzert auf ihre Funktionstüchtigkeit.

Und auf dem besagten Örgelchen habe ich später noch unzählige Male gespielt. Es hatte sich herausgestellt, dass schlichtweg ein Kabelbruch schuld gewesen war an der ganzen Misere. Nach der Reparatur funktionierte das Örgelchen wieder tadellos.

Schwarz

Bei jedem Konzert gibt es einen Dresscode für die Musiker, damit das Konzert auch optisch ein Highlight für die Zuschauer wird.

Man stelle sich eine Aufführung von Mozarts Requiem vor. Die Sopransolistin glänzt dabei in einem pinkfarbenen Kleid neben der Altsolistin im roten Hosenanzug, während der Tenorsolist im lila geblümten Hemd dem Basssolist mit den italienischen handgenähten Schuhen in hellbraun die Show zu stehlen versucht.

Vermutlich wäre dann die Musik absolut zweitrangig und der geneigte Zuschauer hätte wahrlich Mühe, die notwendige Ernsthaftigkeit aufzubringen und sich nicht an der Farbenfreude der Solisten zu stören.

Deshalb dominiert bei Kirchenkonzerten meist schwarze Kleidung, die Frauen erscheinen also komplett in schwarz gekleidet, die Herren entweder auch in schwarz oder mit schwarzer Hose, weißem Hemd und schwarzem Sakko. Jeder Musiker hat derlei Kombinationen in mehrfacher Ausfertigung im Schrank und selbst im Zweifelsfall, bei fehlender Anweisung des Konzertmeisters etwa, ist man mit schwarz immer richtig angezogen.

Bei gewöhnlichen Sonntagsgottesdiensten gibt es selten einen Dresscode. Man riskiert sonst als Chorleiter, dass der Hintergugelhapfinger Kirchenchor erst einmal stundenlang darüber diskutiert, welche Farbe denn nun angemessen sei und ob die Farbe Flieder noch ins Farbspektrum von rot passe.

Angefacht wird die Diskussion auf der einen Seite von den Argumenten der Damen, die mal wieder einen Grund für eine ausgiebige Shoppingtour sehen.

Auf der anderen Seite finden sich die Herren, die aus Angst um ihre Kreditkarte grundsätzlich gegen einen Dresscode sind. Das Argument, der Kleiderschrank der Damen quelle ohnehin über und es stünden somit genügend schicke Kleidungsstücke in allen möglichen Varianten zur Verfügung dementieren die Damen aufs heftigste. Den wahren Grund hierfür zu nennen, nämlich die zwischenzeitlich etwas gewachsene Leibesfülle, wird dabei natürlich tunlichst vermieden.

Also gilt dann meist der gemeinsame Entschluss (in Wirklichkeit ist es das Machtwort des Chorleiters, der nach 20 Minuten Diskussion einfach die Nase voll hat und der Demokratie ein Ende setzt): festliche Kleidung, Farbe egal.

Als Chorleiter erwähnt man dann noch gerne, dass die Damen sich vielleicht nicht ins Dirndl schnüren sollten, das ihnen zur Firmung gepasst hatte, inzwischen aber eventuell eingelaufen war. Dermaßen eingeengt ist es einfach nicht möglich, mehr als fünf Töne hintereinander zu singen, da nur ein Zehntel des Lungenvolumens aufgrund massiver Quetschung vorhanden ist.

Auch ist von extremen Highheels abzuraten, mit denen jede Erdung auf ein Minimum reduziert ist und die Sängerin zwangsläufig mehr mit der notwendigen Bodenhaftung beschäftigt ist als mit der korrekten Wiedergabe der eingeübten Töne. Im übrigen ist es nicht besonders sinnvoll, nachdem man in den Chorproben vor dem Konzert stundenlang über die richtige Platzordnung diskutiert hat. Die ist nämlich in dem Fall hinfällig, weil der 1,75 Meter große Tenor nun aufgrund der 15 Zentimeter Highheels der Sopranistin, die genau vor ihm steht, nur mehr in ihre aufgebauschte Haarpracht singt, den Dirigenten dort vorne aber nur mehr erahnen kann.

Alles in allem ist die Kleidung also bei klassischen Konzerten oder Gottesdiensten sinnvollerweise nicht dem Zwang der Mode unterworfen, sondern dem praktischen Nutzen und dem Gemeinschaftsgefüge.

Manchem Chorleiter scheint das zu trist und zu ernst und er versucht ein wenig Schwung durch die Anschaffung von verschiedenfarbigen Tüchern in den Chor zu bringen.

Der Schwung entsteht aber meist nicht wirklich optisch, sondern vom heftigen Geschlenkere und Gezupelle der Damen, die den in der zweiten Reihe stehenden Herren immer wieder die Tücher um die Nase schwenken, sehr zur Freude der Zuschauer, die den Kampf Tuch gegen Frau und Nebenmann in verschiedenster Ausführung gerne verfolgen.

Aber auch ich sollte meine Erfahrungen mit diversen Dresscodes machen.

Nach dem Abitur freute ich mich, nun endlich den ganzen Tag meiner Leidenschaft nachgehen zu dürfen und mich nur mehr mit Musik beschäftigen zu dürfen.

Auf meine erste Studienwoche fieberte ich seit Monaten hin, die Aufnahmeprüfung hatte ich im Juni bestanden, im September startete das erste Semester.

Sorgfältig hatte ich alles eingepackt, denn nun verbrachte ich die Woche in Regensburg, nur am Wochenende würde ich nach Hause zurückkehren. Nach 19 Jahren bei den Eltern zuhause ein erster Schritt in die Unabhängigkeit, auf den ich mich sehr freute.

Die Begrüßung an der Musikhochschule verlief jedoch anders als erwartet: der langjährige frühere Direktor der Musikhochschule war gestorben und sollte am Ende der Woche beerdigt werden, der Chor der Schule sollte selbstverständlich auf der Beerdigung singen.

Für die älteren Semester schien das nicht weiter überraschend, sie waren derlei kurzfristige Auftritte gewohnt, für uns Neulinge war das der Sprung ins kalte Wasser. Wir kannten bisher keine Menschenseele, waren nicht vertraut mit den Örtlichkeiten und hatten natürlich auch keines der Stücke gesungen.

Man erklärte uns noch, dass der Dresscode schwarz laute und betonte, dass man nicht – wie in vielen Dorfpfarreien – wie die Pinguine herumlaufen wollte, also mit schwarzer Hose und weißem Hemd oder Bluse, sondern komplett in schwarz, die Damen nach Möglichkeit im Rock.

Einige meiner neuen Mitstudenten waren darauf schon vorbereitet und hatten Konzertkleidung eingepackt, ich nicht!

Das lag vermutlich auch daran, dass ich tatsächlich aus einer Dorfpfarrei komme, wo man sich im Konzert wie die Pinguine präsentiert. Bis dahin hatte mich das auch nicht weiter gestört, dann jedoch wurde ich das Bild der Pinguine nie mehr los, wenn ich doch mal wieder in schwarz-weiss-Kombination ein Konzert bestreiten musste.

Im Geiste durchforstete ich also meinen Koffer und stellte mit Erschrecken fest, dass ich nur eine alte schwarze Jeans dabei hatte und eine schwarze Bluse.

Zur allergrößten Not würde das gehen, aber als Erstsemesterstudentin wollte ich mich nicht gleich beim ersten Auftritt blamieren. Einkaufen gehen fiel auch ins Wasser, denn man hatte uns von Haus aus einen vollgepackten Stundenplan präsentiert, der zudem durch die kurzfristig anberaumten Chorproben bis zur letzten Minute gefüllt war.

Ich bat also meine Mutter, mir von Zuhause einen schwarzen Rock zu schicken, mit etwas Glück müsste dieser in zwei Tagen in Regensburg ankommen. Zudem instruierte ich die Damen an der Pforte, mir sofort Bescheid zu geben wenn das Päckchen eintreffen sollte.

Wir bereiteten also die Beerdigung vor, während für uns die ersten Tage an der Hochschule begannen, eine überaus spannende und arbeitsreiche Woche.

Am Tag vor der Beerdigung wartete ich schon sehnsüchtig auf mein Päckchen, die Post hatte aber beschlossen, ein wenig langsamer zu arbeiten und mein Päckchen noch zu behalten.

Meine letzte Chance war nun am Tag der Beerdigung, denn der Postbote kam meist am Spätvormittag an die Hochschule, zum Requiem mussten wir erst mittags.

Mehrmals stündlich fragte ich also an der Pforte nach, ob denn mein Rock schon angekommen sei, erhielt aber stets nur ein Kopfschütteln.

Meine Verzweiflung wuchs, denn ich wollte mich auf keinen Fall gleich beim ersten gemeinsamen Auftritt blamieren und das würde ich. Meine Mitstudenten hatten mir ihre Konzertroben gezeigt, die sie in der Edelboutique erstanden hatten, während ich bestenfalls mit einem schlichten schwarzen Faltenrock aufwarten konnte - oder eben mit der alten schwarzen Jeans, wie peinlich.

Meine Aufregung stieg immer weiter, wobei ich nicht mehr unterscheiden konnte, ob es nun wegen des fehlenden Rockes war oder auch wegen des Singens. Als Neuling waren die Chorstücke doch recht anspruchsvoll zu singen. Der Termin der Abfahrt rückte näher und ich schickte ein Stoßgebet Richtung Himmel, dass doch endlich der Postbote mit meinem Rock kommen solle.

Vorsichtshalber hatte ich schon die schwarze Jeans angezogen, rechnete aber fest damit, dass jeden Augenblick mein Rock eintreffen würde. Aber nichts dergleichen geschah.

Die Damen an der Pforte zeigten sich schon genervt von meinen minütlichen Nachfragen und versprachen, mich umgehend zu informieren.

Beim letzten Aufruf zur Abfahrt war immer noch kein Rock eingetroffen und ich stieg mit gemischten Gefühlen in den Bus. Einerseits freute ich mich sehr darauf, im großen Dom in Regensburg singen zu dürfen, andererseits fühlte ich mich völlig underdressed ohne Rock, nur in Hose und Bluse und weder elegant, noch der Situation angemessen gekleidet.

Alle würden nun bemerken, dass ich ein Dorfmädchen war und nicht aus einer noblen Künstlerfamilie stammte, wie viele andere hier.

Ich betete, dass es mir gelingen würde, mich in die zweite Reihe zu mogeln, wo man mich weniger sehen würde und der Professor vielleicht gar nicht bemerken würde, dass ich eine Hose anstatt eines Rocks trug. Obwohl ich andererseits natürlich auch gerne in der ersten Reihe stehen wollte, um dem Professor gleich mal bekannt zu werden.

Am Dom angekommen fühlte ich mich jedoch gleich viel wohler, denn ich war nicht die Einzige, die eine Hose anstatt eines Rock angezogen hatte, auch wenn die anderen sich freiwillig dafür entschieden hatten während ich aufgrund der mangelnden Zustellung der Post dazu gezwungen worden war.

Ich suchte mir jedoch sicherheitshalber lieber einen Platz in der zweiten Reihe, damit man meine eher schäbige Jeans nicht gleich auf den ersten Blick sehen konnte. Von weitem betrachtet müsste mein Outfit einigermaßen passen.

Der Professor beschied nun ohnehin, dass sich doch bitte die Damen mit Rock in die ersten Reihe stellen sollten, damit ein einheitliches Bild entstehen würde.

Als sich nun alle mit Rock Bekleideten nach vorne stellten, es waren wesentlich weniger als erwartet, offenbarte sich ein viel größerer Fault-pax als meiner: eine Jungstudentin trug zwar den gewünschten schwarzen Rock in Knielänge, darunter aber eine dichte, schneeweiße Strumpfhose, die geradezu heraus blitzte unter all dem Schwarz.

Der Professor bemerkte es und schickte die Sängerin in die zweite Reihe. Allerdings standen nun so wenig Berockte in der ersten Reihe, dass die weißen Strümpfe sich trotzdem vehement abzeichneten und ins Auge des Betrachters fallen mussten.

Nun wurde bereits diskutiert, ob die Studentin so überhaupt mitsingen sollte oder ob man auf sie verzichten sollte, währenddessen kullerten bei ihr die ersten Tränen.

Ich war heilfroh über ihren Fehlgriff, denn der war weitaus schlimmer als meiner und ich konnte mich nun beruhigt zurücklehnen und würde sicher nicht mehr zum Gesprächsstoff der ganzen Hochschule werden.

Nach zehnminütiger Diskussion beschloss der Professor, dass nun geprobt werden sollte, man habe schließlich keine Zeit zu verlieren und er beschied, dass die weiß-bestrumpfte Sängerin sich einfach dazwischen mogeln sollte.

Nun stand sie also inmitten des Chores, der komplett in schwarz gekleidet war und blinkte bei der Beerdigung des ehemaligen Direktors der Hochschule fröhlich mit ihren weißen Beinen.

Immerhin hatte sie es geschafft, dass wirklich jeder aus der Hochschule nach der ersten Studienwoche sofort wusste, wer sie war.

Und mir hatte sie zwar die Show gestohlen, in dieser Situation war ich aber heilfroh darüber gewesen. Ich würde nicht als Dorfmädchen mit der schäbigen Jeans in die Geschichte der Musikhochschule eingehen.

Mein Rock erwartete mich dann bei der Rückkehr an der Pforte, er war kurz nach unserer Abfahrt eingetroffen, welch Ironie des Schicksals.

Aber seit dieser ersten Studienwoche hatte ich ihn immer im Gepäck, man weiß ja nie, wann plötzlich wieder ein Auftritt ansteht.

An der Musikhochschule gab es seitdem die klare Anweisung: schwarze Kleidung, auch Socken, Schuhe, Strumpfhosen, einfach alles, was im sichtbaren Bereich ist.

Und jedes Mal, wenn diese Anweisung kam, dann folgte eine Lachsalve, denn jeder hatte das Bild unserer Mitstudentin vor Augen, wie sie mit schwarzem Rock, dicken weißen Strümpfen und verquollenen Augen im Chor gestanden und sich mit Sicherheit ein Loch im Boden gewünscht hatte, durch das sie verschwinden könnte.

Eine fast normale Hochzeit

Schon bei dem ersten Kennenlernen eines Organisten mit dem Brautpaar wird schnell klar, welchen Stellenwert der Trauungsgottesdienst für das Paar hat.

Manche Brautleute haben in den letzten Jahrzehnten überhaupt keine Kirche von innen gesehen. Und bisweilen geht es dem Brautpaar auch nur darum, eine möglichst „geile Location" als Hochzeitskulisse für die Traumhochzeit zu haben.

Viele Brautpaare entscheiden sich aber auch bewusst für den Gang zum Traualtar und nicht nur zum Standesbeamten, bereiten sich und den Gottesdienst mit Sorgfalt vor und legen großen Wert auf einen stimmigen Gottesdienst.

Bei dem nachfolgenden Brautpaar war das wohl etwas anders gelagert.

Nach der telefonischen Anfrage sagte ich die musikalische Gestaltung ihrer Trauung zu und wir verabredeten einen Beratungstermin.

Ich bat das Brautpaar, sich schon vorab zu überlegen welche Musik sie hören wollten und auf meiner Homepage ein wenig zu stöbern.

Wenige Tage später trafen wir uns bei mir zu Hause. Dort habe ich alle Noten zur Verfügung sowie ein

Klavier, so dass ich jedem Brautpaar einen Auszug aus meinem Repertoire präsentieren kann.

Das Brautpaar erschien zusammen mit ihrer gut einjährigen Tochter, die gerade die Welt auf eigenen Füßen entdeckte und kaum zu bremsen war.

Da mein Musikzimmer nicht gerade kleinkinderfreundlich eingerichtet ist und auch allerlei empfindliche Musikinstrumente herumstehen, zog ich eine kurze knackige Beratung in Erwägung, das Brautpaar war sowieso alle drei Sekunden mit seiner Tochter beschäftigt und dementsprechend abgelenkt. Da hatte ich die Rechnung aber ohne die Brautleute gemacht. Diese hatten leider bisher keine Zeit gefunden, sich Gedanken über die musikalische Gestaltung ihrer Hochzeit zu machen und verlangten nun von mir ihnen „einfach mal was vorzusingen".

Mit Hinweis auf meinen gut gefüllten Notenschrank und mein Repertoire, das für einen dreitägigen Konzertmarathon reichen würde, bat ich um eine Eingrenzung der in Frage kommenden Musikstücke. Die Braut erbarmte sich schließlich und betonte, es sollten moderne Lieder sein. Im Übrigen sei eigentlich das Wichtigste, dass der Gottesdienst möglichst kurz gehalten werde, man wolle ja nicht den ganzen Tag in der Kirche verbringen, sondern ordentlich feiern. Auf meine Frage, warum man denn dann überhaupt kirchlich heirate, meinte sie nur, sie habe als Mädchen vom Einzug als Prinzessin in die Kirche geträumt und das wolle sie nun unbedingt haben. Zudem bestehe sie darauf, dass sie während der Trauung mit Blick zu den Gästen sitze, sonst würden diese nur ihren Rücken sehen und nicht ihr wunderschönes Brautkleid. Ich wies sie darauf hin, dass sie dann aber mit dem Rücken zum Pfarrer und zum Altar sitzen würde und das sei nun wirklich nicht üblich und liturgisch unkorrekt. Sie zeigte jedoch keinerlei Gesprächsbereitschaft und blieb stur. Wenn sie das so wolle, dann habe der Pfarrer sich da nach ihr zu richten, schließlich sei sie der Auftraggeber, also schaffe sie auch an!

Beim Gespräch wurde auch ersichtlich, dass weder das Brautpaar noch die Gäste routinierte Kirchgänger waren, viele waren sogar aus der Kirche ausgetreten. Somit ersparte ich mir bei den textlich festgelegten Liedern große Wahlmöglichkeiten, denn das Brautpaar und seine Gäste kannten ja weder das eine noch das andere Lied.

Nach einer Stunde war das Beratungsgespräch beendet. Das Töchterchen quengelte auch schon, es war schließlich Schlafenszeit für sie.

Wir hatten einen musikalischen Plan erarbeitet und uns darauf verständigt, dass ich noch eine Sängerin zusätzlich engagieren würde.

Auf meine Frage, wer am Hochzeitstag denn die kleine Tochter betreuen würde meinte die Braut, das sei kein Problem, die Oma der Kleinen würde sich schon darum kümmern. Ich gab zu bedenken, dass das meiner

Erfahrung nach keine gute Idee sei. Die Oma wolle ja schließlich der Trauung ihrer Tochter beiwohnen und sicher nicht nach wenigen Minuten die Zeremonie verlassen, nur weil etwa das Kind weine. Besser sei es, eine Freundin mit der Betreuung zu beauftragen und zwar am besten für den ganzen Tag, dann habe das Brautpaar auch mehr davon und könne die Hochzeit besser genießen.

Davon wollte das Brautpaar aber nichts wissen, bei ihnen sei das alles ganz locker und easy und das werde sich dann schon irgendwie ergeben.

Zwischen den Zeilen war ganz deutlich zu hören, dass sie mich für eine antiquierte Prinzipienreiterin hielten, der es nur darum gehe, dass alles seine Ordnung habe. Sie selbst sahen sich als jung, frei und aufgeklärt und keinesfalls spießig.

Die Hochzeit selbst fand im April statt, in den Tagen zuvor war es nasskalt und auch das Wetter für Samstag schien nicht besonders erfreulich zu werden.

Der Hochzeitstag kam und ich erhielt in aller Frühe einen Anruf meiner Sängerin. Sie sei seit Tagen am kränkeln und jetzt habe sie noch eine schlimme Blasenentzündung erwischt. Sie könne zwar singen, aber sie müsse halt immer wieder mal zur Toilette laufen.

Wir vereinbarten, unsere Probe auf ein Minimum zu verkürzen und uns erst kurz vor Beginn der Zeremonie zu treffen, damit sie nicht unnötig lang in der kalten Kirche ausharren musste.

Wir trafen uns also eine halbe Stunde vor Gottesdienstbeginn in der Kirche und überlegten, wo wir uns
am besten postieren könnten. Dass wir von vorne musi-
zieren sollten, war mit dem Brautpaar schon vorab vereinbart.

Wir versteckten uns aber noch etwas seitlicher, damit
meine Sängerin jederzeit unbemerkt würde verschwinden können.

Kurz nach uns trudelte das Brautpaar samt Fotograf
ein.

Es dauerte keine fünf Sekunden und die Braut entdeckte, dass die Stühle auf denen sie sitzen sollten,
nicht wie gewünscht mit Blick zur Gemeinde ausge-
richtet waren, sondern seitlich im Altarraum.

Sofort beorderte sie im Befehlston den Mesner herbei,
um diese Sitzordnung ändern zu lassen. Dieser erklärte
ihr geduldig, das sei die Anweisung des Pfarrers gewesen und eh schon ein Kompromiss, denn normalerweise
würde das Brautpaar mit Blick zum Allerheiligsten sitzen.

Die Braut monierte in einem Tonfall, der eindeutig
keine Widerrede duldete, dass der Mesner die Sitzordnung nun sofort ändern sollte.

Daraufhin wies dieser sie nicht mehr ganz so freundlich hin, dass er das ganz sicher nicht tun werde, der
Pfarrer habe hier das Hausrecht und wenn es ihr nicht
passe, dann könne sie sich ja eine andere Kirche zum
Heiraten suchen.

Vor Wut schnaubend zog die Braut mit ihrem Bräutigam und dem Fotografen im Schlepptau ab und der Mesner ging kopfschüttelnd in die Sakristei zurück.

Eine Viertelstunde vor dem Beginn der Zeremonie enterte dann die extravagante Hochzeitsgesellschaft die Kirche.

Draußen hatte es zu regnen begonnen und die Damen in ihren Kleidchen, die knapp den Hintern bedeckten und ihren 20-Zentimeter-Stöckelschuhen hatten Angst um ihre Frisuren, die sie sich in den letzten fünf Stunden noch schnell vom Friseur ihres Vertrauens hatten zaubern lassen.

Allgemeine Rufe des Erstaunens waren zu hören, ein „amazing" wurde gefolgt von „das ist aber eine tolle Location hier", das Ganze in einer Lautstärke, die dem Bierzeltbetrieb am Oktoberfest locker das Wasser hätte reichen können.

Mit dem schlichten „oha" meiner Sängerin war eigentlich alles gesagt, denn diese Gesellschaft versprach nicht nur Ausgelassenheit, sondern auch ein großes Konfliktpotential mit dem Pfarrer und dem Verhaltenskodex der Kirche.

Nach wenigen Augenblicken trat der Mesner ans Mikrofon und erklärte, man bitte um ein wenig mehr Ruhe.

Leider gingen seine Worte in den lauten Gesprächen und Lachen völlig unter. Er wiederholte es mehrere Male, wobei er zunehmend lauter sprach und näher ans

Mikrofon trat, um seinen Worten Ausdruck zu verleihen. Aber obwohl wir uns bereits die Ohren aufgrund der Lautstärke zuhielten, störte das die Hochzeitsgesellschaft kein bisschen, man hatte eher den Eindruck, die Gemeinde fühlte sich vom Mesner in ihren Gesprächen gestört.

Dessen Gesichtsfarbe wechselte mittlerweile zwischen weiß und tiefstem dunkelrot.

Verzweifelt über sein sinnlosen Unterfangen verschwand er wieder in seiner Sakristei, ebenso wie meine Sängerin, die noch schnell zur Toilette musste, bevor die Zeremonie begann.

Wenige Augenblicke später trat der Pfarrer samt Ministranten aus der Sakristei, meine Sängerin hastete auch herbei und stopfte sich dabei noch schnell die Bluse in die Hose.

Normalerweise ist spätestens mit dem Erscheinen des Pfarrers der Augenblick gekommen, an dem die Gemeinde ruhiger wird, aber was war bei dieser Hochzeit schon normal.

Der Pfarrer machte eine Kniebeuge und wartete ein wenig, ob sich die Meute beruhigen würde.

Die fühlte sich aber überhaupt nicht angesprochen, und so ging er kopfschüttelnd durch den Mittelgang nach hinten, um das Brautpaar am Kircheneingang abzuholen.

Leider hatten wir uns so positioniert, dass wir nicht nach hinten zur Kirchentür sehen konnten, also waren wir darauf angewiesen, dass der Mesner uns ein Zeichen gab, wann wir zu singen beginnen sollten.

Der Mesner zog schließlich mit voller Gewalt an einem Glöckchen, das Zeichen für uns zu starten und die letzte Aufforderung an die Hochzeitsgesellschaft, nun endlich den Mund zu halten und der Zeremonie wenigstens ein kleines bisschen Respekt zu zollen.

Erst als ein Raunen durch die Reihen ging, weil die Braut in ihrem hollywoodreifen Kleid durch den Gang schritt, neben sich den unscheinbaren Bräutigam im schlichten Anzug, verstummte die Menge für einen kurzen Moment und die Augen quollen über bei dieser unglaublichen Masse an Stoff, der sich um die Hüften der Braut rankte und sie in eine gigantische Baisertorte verwandelte.

Hinter dem Brautpaar schritten zwei Mädchen, die vehement versuchten, nicht unter die massive Schleppe des Kleides zu geraten. Dazwischen das einjährige Töchterchen der Brautleute, das ebenso wie seine entzückende Mama als Sahnetörtchen daherkam, dieses Mal aber in rosa und nur etwa knielang.

Wie eine kleine Prinzessin schritt es die Reihen seiner Verehrer ab.

Angefeuert vom begeisterten Publikum tänzelte das Mädchen dann wie eine Gogotänzerin mit den Hüften wackelnd und hob sein Kleidchen mal in die eine, mal in die andere Richtung. Zahlreiche Kommentare begleiteten das Brautpaar und sein Gefolge, von andächtiger

Stille hielt man in diesen Kreisen wohl nicht wirklich viel.

Währenddessen versuchte ich mit meiner Sängerin, dem wahrlich königlichen Einzug noch etwas musikalischen Glanz zu verleihen, wobei wir nicht sehr erfolgreich waren. Zum einen war der allgemeine Lärmpegel schlichtweg zu hoch und zum anderen waren alle Anwesenden mit Staunen beschäftigt und wir somit bestenfalls geduldetes Hintergrundgedudel.

Im Altarraum angekommen, sah sich die Braut mit dem Problem konfrontiert, ihre zentnerschwere Kleidertorte über zwei Stufen nach oben zu hieven, ohne über ihre eigenen Beine zu stolpern. Ein beherzter Griff des Bräutigams in die unzähligen Stoffbahnen, kurz das Kleid bis über die Knie nach oben geschoben und schon schubste er seine Zukünftige in Richtung Sitzplatz.

Dann musste sie sich nur noch umdrehen, allerdings hing das Kleid nun völlig verdreht an ihr. Nach einem wütenden Blick zum Bräutigam erfasste dieser die Notlage sofort, kniete vor seiner Braut nieder und befasste sich eingehend damit, das Kleid so hinzurichten, wie seine Braut ihm das leise flüsternd anwies.

Hätte mich jemand zu diesem Zeitpunkt gefragt, wer in der Beziehung der beiden wohl das Sagen hatte, ich hätte nicht lange überlegen müssen.

Mittlerweile hatte sich auch der Pfarrer samt Ministranten zu seinem Sitzplatz begeben, unser Einzugslied war zu Ende und der Gottesdienst begann. Bei der Aufforderung zum Kreuzzeichen, das der Pfarrer normalerweise mit den Gläubigen zusammen macht, sah ich bereits in ratlose Gesichter. Manche Gäste fuchtelten unschlüssig vor ihrem Gesicht herum, andere schüttelten nur unverständlich den Kopf, wieder andere grinsten grenzdebil.

Eigentlich wäre hier wohl der richtige Zeitpunkt gewesen, die Zeremonie drastisch zu verkürzen und auf das Notwendigste zu reduzieren. Einmal Richtung Bräutigam gefragt „willst du sie" mit der anschließenden knappen Antwort „ja", und einmal das Ganze an die Braut gerichtet, dann ein dreiminütiger hollywoodreifer Zungenkuss und schon könnte das Brautpaar zur ersehnten Feier starten.

Bei manchen Pfarrern beschleicht mich aber das Gefühl, dass sie der Meinung sind, je länger ein Ungläubiger in der Kirche gehalten wird, desto größer ist die Chance, ihn bekehren zu können. Ich bin von dieser These nicht überzeugt.

Dieser Pfarrer gehörte eher zur abgebrühten Sorte. Mit Sicherheit hatte er schon lange die nicht vorhandene Bibelfestigkeit dieser Schäfchen bemerkt, versuchte sie aber einfach zu ignorieren und fuhr mit seinem Gebet fort.

Anschließend wies er freundlich die Gemeinde darauf hin, dass nun die Lesung gehört werde und setzte sich hin.

Der mutmaßliche Lektor war sich aber nicht sicher, ob das nun sein Einsatz sei und fragte halblaut und um Beifall heischend um sich schauend nach vorne: „Bin ich jetzt dran?".

Der Pfarrer nickte und der Lektor schritt zum Lektorenpult. Grinsend klopfte er auf das Mikrofon und versuchte mit einem lauten „Test-Test-Test" herauszufinden, ob die Klangqualität und Lautstärke seinem Sprechorgan wohl würdig wäre. Das daraus resultierende Pfeifkonzert der Lautsprecheranlage führte sowohl beim Lektor als auch bei einigen Gästen zu einem Lachanfall, den auch der Pfarrer mit seiner mittlerweile grimmigen Miene nicht stoppen konnte.

Der Lektor versuchte nun den Lesungstext darzubieten, den er sichtlich lächerlich fand und über dessen Inhalt er sich abseits der Kirche garantiert köstlich amüsieren würde.

Mit einem „vielen Dank für Ihre Aufmerksamkeit" beendete er sein Lustspiel und wartete auf den einsetzenden Applaus.

Die Gemeinde konnte sich aber wohl aus fernen Erstkommuniontagen noch erinnern, dass es im allgemeinen während eines Gottesdienstes keinen Applaus gibt. Es blieb daher still und der Lektor verließ etwas konsterniert das Pult.

Nun waren wir an der Reihe und ließen unseren ganzen Enthusiasmus, gepaart mit reichlich Emotionen, in einem schmalzigen Liebeslied erklingen.

Bereits nach wenigen Takten sah sich die Gemeinde wohl aufgefordert, nun ihre vorher beendeten Gespräche wieder aufzunehmen, schließlich sei ja jetzt Pausenmusik, oder?

Zum nachfolgenden Evangelium stand der Pfarrer mit den Ministranten auf, meine Sängerin nutzte die Gelegenheit, um wieder zur Toilette zu verschwinden.

Die Tochter des Brautpaares begann nun unruhig zu werden, sie saß in der ersten Reihe bei ihrer Oma und warf zur allgemeinen Erheiterung gleich mal mit Schwung ein Gesangbuch auf den Boden. Ihr Opa wollte dieses aufheben, verließ dazu die Bank und das kleine Mädchen nutzte die Gelegenheit, der Oma zu entwischen und lief zu ihren Eltern nach vorne in den Altarraum.

Nachdem meine Sängerin und ich schon viele Trauungsfeiern erlebt haben, wissen wir, dass es nun zwei Folgeszenarien geben kann:

1. Die Mutter beruhigt das Kind kurz und jemand aus der Gemeinde kümmert sich dann darum, im Notfall geht er damit vor die Tür, Problem gelöst.
2. Das Kind bleibt bei den Eltern und ein heilloses Chaos beginnt.

Wie angekündigt sollte bei dieser Hochzeit alles ganz flexibel, locker und easy sein. Das Mädchen lief also zu seiner Mutter, diese hob es hoch und setzte es sich auf den Schoß, wobei dies gar nicht so einfach war, denn die Braut war ja mit Stoffbahnen übersät.

Die kleine Prinzessin thronte also auf der Mama und blickte mit zufriedenem Blick umher, staunte über das Gold im Altarraum und winkte der Oma zu. Der Predigt des Pfarrers lauschte das Brautpaar schon lange nicht mehr, denn das Mädchen beanspruchte seine ganze Aufmerksamkeit und sie unterhielten sich angeregt über die Kunstschätze, die die Kirche zu bieten hatte.

Die Augen der kleinen Prinzessin quollen über und schließlich konnte sie ihre Neugier nicht mehr zähmen und startete mit ihrer Erkundungstour durch den Altarraum.

Sie betrachtete eingehend das goldene Kreuz, zupfte ein wenig am rosafarbenen Brautstrauß, der auf dem Altar lag und bückte sich schließlich, um zu sehen, was sich unter dem Altartuch verbarg.

Die von der Predigt eher gelangweilte Gemeinde wohnte dem Spektakel mit Genuss bei, schließlich befand sich der Altar samt kleiner Inspekteurin wie auf einer Bühne erhöht und für alle sichtbar.

Die kleine Prinzessin zog weiter ihre Runde und inspizierte einen seitlich sitzenden Ministranten. Es war ihr offensichtlich suspekt, wieso ein Junge ein weißes Kleid mit einer Kordel um hatte.

Mit schief gelegtem Kopf musterte sie den Jungen, der sich ein Lachen nicht mehr verkneifen konnte und erst durch seinen Nebenmann und einem beherzten Fußtritt wieder zur Ernsthaftigkeit ermahnt werden musste.

Sogleich wurde er für die kleine Prinzessin uninteressant und sie ging wieder in Richtung ihrer Eltern.

Sie bewunderte eingehend ihre Sahnetortenmutter und ließ sich von der Frage leiten, was sich wohl unter dieser Sahnetorte befand. Dazu ging sie in die Hocke und ehe die Braut oder der Bräutigam reagieren konnten, verschwand sie unter dem Kleid ihrer Mutter. Aufgrund der Unmengen an Stoff wölbte sich dieses nur leicht, nur die winzig kleinen Schuhspitzen waren zu sehen, und erst ein spitzer Schrei der Braut zeugte davon, dass das Mädchen jetzt wohl auch noch eine Kitzelattacke gestartet hatte.

Die Braut sah keinerlei Möglichkeiten, das Mädchen aus dem Tortenkleid hervorzuziehen, bis sich schließlich der Bräutigam erbarmte. Er beugte sich nieder und hob das Kleid seiner zukünftigen Gattin an, nur leider genau in dem Moment, in dem der Pfarrer den Tumult bemerkte, sich umdrehte und Richtung Brautleute blickte. Völlig fassungslos sah er nun dem Treiben des Brautpaares zu und stand mit offenem Mund am Ambo, wobei man sehen konnte, wie sein Hirn arbeitete, um eine Erklärung hervorzuzaubern, was ein Bräutigam mitten unter der Hochzeit unter dem Rock seiner Braut zu suchen hatte.

Die Braut grinste nur entschuldigend, sie fand die Situation wohl eher lustig als peinlich.

Und die Hochzeitsgesellschaft war inzwischen schon in schallendes Gelächter ausgebrochen.

Dem Bräutigam gelang es schließlich, ein Bein seiner Tochter zu fassen und er zog sie hervor, jedoch nur unter lautstarkem Protest, begleitet vom Gelächter der Gemeinde und den gestammelten Fragen des Pfarrers. Um das aufgebrachte Kind zu beruhigen, setzte es sich der Bräutigam kurzerhand auf den Schoß und gab dem Pfarrer mit einem Nicken zu verstehen, dass er wieder fortfahren könne .

Die kleine Prinzessin hatte aber nun Gefallen gefunden an ihrer Alleinunterhalterrolle und wollte wieder ungebremst losziehen.

Sie löste sich vom Griff des Vaters und rutschte von seinem Schoß. Leider geriet sie dabei mit ihren Schuhen, die mit Klettverschlüssen versehen waren, an die oberste Stoffschicht des Brautkleides ihrer Mutter, der Klettverschluss verhakte sich im Tüll und das Mädchen landete kopfüber auf dem Boden. Der Schuh hing nun im Kleid und die Mutter hielt das Bein samt Schuh fest, damit dieser nicht unkontrolliert das Kleid zerriss.

Die kleine Prinzessin zappelte heftig, um sich zu befreien, wobei ihr eigenes Kleidchen sich über ihren Kopf stülpte. Verzweifelt fing sie schließlich an zu weinen, sie konnte ja nichts mehr sehen und hing kopfüber an ihrer Mutter fest. Der Bräutigam versuchte, den Klettverschluss sorgsam vom Kleid zu lösen, ein aussichtsloses Unterfangen, denn immer, wenn er den Schuh ein wenig löste, zappelte das Mädchen wieder und der Schuh verhakte sich mehr denn je.

Mit einem beherzten Griff und einem lauten „Ratsch" befreite er schließlich den Schuh vom Kleid, allerdings klaffte jetzt in der obersten Stoffschicht des Brautkleides ein unansehnliches Loch.

Der Bräutigam stellte die mittlerweile tränenüberströmte kleine Prinzessin auf ihre Beine und konnte diese nur mit Not davon abhalten, wieder auf den Schoß der Mutter zu klettern. um getröstet zu werden.

Dem Pfarrer riss jedoch nun endgültig der Geduldsfaden und er fragte entnervt die Hochzeitsgesellschaft:

„Könnte sich jetzt bitte endlich jemand mal um das Kind kümmern und mit ihm nach draußen gehen?", wobei er es weniger wie eine Frage als vielmehr wie einen Befehl formulierte.

Die Mutter der Braut erkannte den Ernst der Lage und hatte wohl Angst, dass der Pfarrer die Trauung abbrechen könnte, noch bevor ihre Tochter unter der rechtmäßigen Haube wäre.

Sie packte das Mädchen und zerrte es unter lautstarkem wütenden Protest nach draußen, gefolgt von den belustigten Blicken der Hochzeitsgesellschaft, die sich herrlich amüsierte.

Und obwohl man sich ja sicher gewesen war, dass die Gesellschaft alles locker sehe und überhaupt nicht spießig sei, so vernahm man doch ein kollektives Aufatmen, als die Bühnenshow der kleinen Prinzessin nun beendet war und sich die allgemeine Aufmerksamkeit wieder dem Brautpaar zuwenden durfte.

Sowohl der Pfarrer als auch wir Musiker hatten jedoch eindeutig genug von der Komödie und fürchteten einen weiteren Akt, also kürzten wir die Lieder auf das Notwendigste ab, die Zeremonie hatte sich durch die Zwischenfälle eh schon in die Länge gezogen und das Brautpaar wollte ja ausgiebig feiern.

Der Pfarrer begann nun endlich mit dem Trauritus, vermählte das Brautpaar in ungewohnt flottem Tempo und gratulierte anschließend nicht besonders herzlich.

Die nachfolgenden Fürbitten vergaß er offensichtlich, wobei ich den Verdacht hegte, dass es Absicht seinerseits war. Die Fürbitten wären wieder von Hochzeitsgästen vorgetragen worden und möglicherweise wollte er damit eine weitere Showeinlage wie die des Lektors bei der Lesung vermeiden.

Meine Sängerin flüsterte mir zu, dass ihre Blasenentzündung sie eigentlich schon wieder zu einem Toilettengang zwinge. Angesichts des nahenden Endes der Zeremonie einigten wir uns darauf, dass ihre Blase jetzt warten müsste, unser Schlusslied stand noch an, das Lieblingslied der Braut, das diese sich sehnlichst gewünscht hatte und keinesfalls fehlen durfte.

Nach dem feierlichen Schlusssegen begannen wir also zu singen, die Hochzeitsgesellschaft sollte nach den Wünschen der Braut in der Kirche bleiben und das Lied genießen.

Dem Pfarrer fehlte dafür aber die Geduld, er machte eine Kniebeuge und drehte sich um.

Die Braut flüsterte ihm zu, dass man noch das Lied anhören wolle, er aber ignorierte sie einfach und stapfte mit den Ministranten nach draußen.

Schulterzuckend ergab sich auch das Brautpaar dem Willen des Pfarrers und schritt durch den Kirchengang nach hinten. Sobald das Brautpaar außer Sichtweite war, gab es bei der Hochzeitsgesellschaft kein Halten mehr, man begann sich lautstark zu unterhalten, auch mal über mehrere Bänke hinweg, und floh aus der Kirche.

Um das Leid meiner Sängerin abzukürzen, spielte ich kurzerhand exakt beim Verlassen des letzten Gastes einfach den Schlussakkord, mitten in der zweiten Strophe des Liedes, dem eh schon lange keiner mehr zugehört hatte.

Der Pfarrer rannte an mir vorbei mit einem kurzen „Sche habts gsunga, aber de Leid wern imma blöder" in die Sakristei, um sich umzuziehen und vermutlich mindestens eine Flasche Messwein zu leeren, den er sich wirklich redlich verdient hatte.

Meine Sängerin blieb die nächsten Tage im Bett, um sich auszukurieren, etwas später konnten wir uns schon wieder köstlich über diese Hochzeit amüsieren.

Das Brautpaar meldete sich nie wieder und ich gehe davon aus, dass die gesamte Hochzeitsschar bereits am Abend die Zeremonie in der Kirche vergessen hatte.

Weiß

Als allerletzte Prüfung meines Studiums war meine praktische Violoncelloprüfung angesetzt.

Nach sechs anstrengenden Jahren musste ich ein letztes Mal meine Künste am Violoncello an der Musikhochschule unter Beweis stellen. Sämtliche andere Prüfungen hatten ich in den beiden Jahren zuvor schon erfolgreich absolviert. Danach würde ich nur noch Konzerte geben und mit viel Beifall beschenkt werden, so dachte ich zumindest.

Glücklicherweise gibt es bei Einzelprüfungen tatsächlich keinen Dresscode, nach dem man sich zu richten hatte. Aber natürlich zeigt die Erfahrung und der gesunde Menschenverstand, dass es einige Dinge zu vermeiden gilt.

Erscheint ein Student in Jogginghose und Turnschuhen zur Prüfung, so kann das bei völlig unkonventionellen Professoren gut ankommen, die meisten werden es aber eher als Affront und geringe Wertschätzung sich selbst gegenüber empfinden. Natürlich sollte das keinen Einfluss auf die Notenbildung haben, hat es aber doch unterbewusst.

Genauso verhält es sich, wenn man als Studentin mit einem Ultrakurzmini und mit Highheels antritt. Selbstverständlich ist das nicht verboten.

Ob es sinnvoll und ratsam ist, sei dahingestellt.

Ich persönlich bin immer gut gefahren mit klassischer Kleidung, die meiner Musik nicht die Show stiehlt, sondern einfach dazu passt.

Bei meiner Celloprüfung hatte ich eine schöne blaue Stoffhose gewählt sowie eine neu erstandene Bluse in cremeweiß, eben ein ganz klassisches Ensemble.

Eine Stunde vor der Prüfung ging ich von meiner Wohnung zur Musikhochschule, ein kurzer Fußweg von 15 Minuten, den ich immer sehr genoss, weil er durch interessante Regensburger Hinterhöfe und über die Donau ging. Ich war bestens vorbereitet, gut gelaunt und freute mich auf den bevorstehenden Abschluss meines Studiums.

An der Musikhochschule angekommen, suchte ich mir ein Zimmer zum Einspielen. Die Prüfung sollte in 45 Minuten starten.

Beim Stimmen meines Cellos hörte ich plötzlich ein Scheppern und Rasseln in meinem Cello. Panik überfiel mich. War etwa genau heute an meinem Cello etwas kaputt gegangen, eine Verleimung, die sich gelöst hatte oder gar ein Riss im Holz?

Ich untersuchte hektisch alle Bestandteile meines geliebten Instruments, konnte aber keinerlei Beschädigung feststellen.

Bei einer ersten vorsichtigen Tonleiter vibrierte es wieder, unüberhörbar und völlig inakzeptabel, damit könnte ich niemals zur Prüfung antreten.

Panik überfiel mich, mein Herz pulsierte wie wild und meine Gedanken wirbelten durcheinander.

Noch einmal spielte ich ein paar Töne und versuchte das störende Geräusch zu lokalisieren.

Und dann überfiel mich die Erkenntnis, dass es die Knöpfe an meiner Bluse waren. Diese waren nicht flach sondern rund, es waren auch weit mehr Knöpfe als bei einer normalen Bluse üblich. Und genau genommen waren es auch genau diese wunderschönen Zierknöpfe gewesen, die mich veranlasst hatten, die Bluse zu kaufen.

Aber genau dort, wo das Cello am Körper auflag kamen nun die Knöpfe mit dem Holz in Berührung und vibrierten bei jedem Bogenstrich lautstark.

Mittlerweile waren es nur mehr 30 Minuten bis zum Beginn meiner Prüfung.

Nachdem ich nun das corpus delicti gefunden hatte, versuchte ich das Problem zu beheben, indem ich die Bluse einfach so weit aufknöpfte, dass die Knöpfe nicht mehr das Cello berühren würden. Das führte aber dazu, dass nun mein BH sichtbar war, unmöglich, so konnte ich nicht vor die Professoren treten.

Meine Gedanken wirbelten durcheinander und es fiel mir schwer, einen klaren Gedanken zu fassen. Ein Ausweg schien nicht in greifbarer Nähe.

Wie konnte ich es schaffen, mir ein neues Oberteil zu besorgen, während ich mich hier für meine Prüfung noch einspielte?

Mir wurde heiß und kalt, während mir bewusst wurde, dass es nur eine Lösung gab: ich musste nochmal in meine Wohnung. Ich hatte noch 25 Minuten Zeit und der Weg zu meiner Wohnung dauerte zu Fuß 15 Minuten bei normalem Studentengehtempo. Mit etwas Glück würde es noch eine Zeitverzögerung bei der Prüfung geben, so dass ich es schaffen könnte.

Ich spurtete also los Richtung Wohnung, immer die Uhr im Blick.

13 Minuten vor Beginn der Prüfung war ich bei meiner Wohnung angekommen, riss mir die Bluse vom Leib und schnappte mir ein schickes T-Shirt, das keinerlei Applikationen hatte und somit garantiert nicht scheppern würde.

Während ich die Treppe schon wieder herunter raste, zog ich mir das Shirt über den Kopf und sprintete wieder Richtung Hochschule.

Ich versuchte ein gutes Lauftempo einzuhalten, bei dem ich zwar pünktlich an der Hochschule eintreffen würde, aber nicht völlig verschwitzt und ausgelaugt sein würde.

Mein Timing war perfekt, genau eine Minute vor Beginn der Prüfung war ich wieder an der Hochschule, stimmte noch kurz mein Cello und genoss den ungestörten Ton.

Die Prüfung begann mit fünfminütiger Verspätung, genau richtig für mich, um noch einmal kurz durchzuschnaufen.

Alles verlief perfekt, auch wenn ich nicht ganz so ein-
gespielt war wie gewünscht. Vielleicht war es auch gut
gewesen, dass ich keine Zeit mehr gehabt hatte. So
konnte ich nicht mehr nervös werden, sondern war einfach nur erleichtert und gelöst, dass mein Cello nun
wieder in dem wunderschönen samtigen Klang erklang,
den ich gewohnt war.

Hochzeit auf dem Bauernhof

Wenn man als Musikerin einige Jahre mit Hochzeiten zu tun hat, bekommt man ein fast untrügliches Gefühl für so einiges.

Manche Anfragen schreien schon beim ersten Durchlesen *„Achtung! Könnte kompliziert werden", „nettes Brautpaar", „oje, denen kann man es garantiert nicht recht machen"* und vieles mehr.

Und man hat nach einigen Berufsjahren auch einen untrüglichen Sensor entwickelt, wenn das Brautpaar nicht ganz die Wahrheit sagt.

Nicht, dass ich Brautpaaren gerne unterstelle, mich anzulügen, aber etwas wegzulassen oder ein wenig Flunkern passiert schon hin und wieder, um das gewünschte Ziel zu erreichen. Und dieses lautet bei jeder Hochzeit: Unsere Hochzeitsfeier wird die Schönste, nichts darf schief gehen!

Ein Bräutigam schickte mir Anfang Februar eine Nachricht, dass er und seine Verlobte in zehn Tagen heiraten würden. Leider sei die Sängerin, die man schon vor Monaten gebucht habe, plötzlich abgesprungen.

Diesen Gesprächsanfang höre ich durchaus öfters und er bedeutet meistens:

1. Die Sängerin ist tatsächlich plötzlich und aus völlig unersichtlichen oder unverständlichem Gründen abgesprungen.
2. Das Brautpaar hatte jemanden aus der Verwandtschaft als Sänger auserwählt, der eigentlich gar nicht singen kann und sich bei den Wünschen der Brautleute mit der Tatsache konfrontiert sah, dass er diese Wünsche überhaupt nicht erfüllen kann.
3. Die Sängerin hat bescheiden auf ihr Honorar hingewiesen. Da es doch nichts Schöneres im Leben gibt als Singen und es eine große Ehre ist, auf der Hochzeit des Brautpaares zu singen, war das Brautpaar dann völlig geschockt von der absolut übertriebenen Honorarvorstellung der Sängerin und hat angedroht, nicht zu zahlen.
4. Das Brautpaar hat über die Hochzeitsvorbereitungen die Suche nach einer Sängerin schlichtweg völlig vergessen.
5. Das Brautpaar hat eine Sängerin engagiert, deren Repertoire in keiner Weise kompatibel mit den Vorstellungen des Brautpaares war.

Wie auch immer: ich sah mich mal wieder als rettenden Engel und wies darauf hin, dass ich aufgrund meiner Professionalität durchaus in der Lage sei, die Wünsche in wenigen Tagen umzusetzen. Das Brautpaar hatte nämlich schon vorab die Lieder mit der angeblichen Sängerin abgesprochen und an denen wollte man auch nicht mehr rütteln.

Nach Rückfrage bei meiner Sängerin sagte ich zu, die Songs waren auch in unserem Repertoire, so dass es unkompliziert werden dürfte.

Wir waren auch schon recht gespannt auf den Saal, in dem die Zeremonie, eine freie Trauung, stattfinden sollte: ein neuer sogenannter „Eventstadel", von dem schon einige begeistert erzählt hatten.

Am Tag der Hochzeit fuhren wir frühzeitig zur angegebenen Adresse, fanden uns aber im Hinterhof eines typisch bayrischen Bauernhofes wieder, neben Traktor, Kuhmist und gackernden Hühnern.

Auf Nachfrage beim Bauern stellte sich heraus, dass wir durchaus richtig waren, der Eventstadel war eine ehemalige Scheune des Bauernhofes.

Nun gut, die heutigen Brautpaare stehen ja auf Ausgefallenes und verabscheuen nichts mehr, als das Gewöhnliche.

Um zum Eingang zu gelangen, musste man zuerst die Maschinenhalle durchqueren und erhielt dort einen Überblick über den durchaus respektablen Fuhrpark des Bauern.

Eine breite Holztreppe, mit weißem Krepppapier geschmückt, ging es dann hinauf, von der aus man erst einmal das Raucherkabuff durchqueren musste, um in den Saal zu gelangen. Sollte also ein Raucher versehentlich einen Brand auslösen, dann hätte wenigstens die ganze Gesellschaft etwas davon, denn die Treppe war der einzige Zugang.

Im Saal angekommen, staunten wir allerdings nicht schlecht: dieser war wunderschön festlich ausgestattet, bot Platz für etwa 200 Personen und war bis unter die Decke auf Hochzeit dekoriert. Alte Kronleuchter hingen von den hohen Decken, Tische und Stühle waren liebevoll mit weißen Hussen bedeckt und an der Seite war eine gigantische Candybar aufgebaut, bei deren Anblick jeder Zahnarzt in Ohnmacht fallen würde. Einen kleinen Teil des Saales hatte man zu einer Bar umfunktioniert, an der man sich nach Herzenslust mit Alkoholika versorgen konnte.

Wir steuerten aber erst einmal quer durch den Saal in Richtung Bühne, wo die Trauzeremonie stattfinden sollte. Dort erwartete uns bereits der Bräutigam und erklärte uns den Ablauf der Zeremonie.

Da die Bühne bereits belegt war mit dem Equipment der Band, die am Abend spielen sollte, mussten wir vor der Bühne Platz nehmen, direkt neben den Toiletten. Diese waren notdürftig in die Dachschräge eingebaut worden und nur durch dünne Spanholzwände vom Saal getrennt, so dass wir deren Besucher sowohl akustisch als auch olfaktorisch miterleben durften.

Beim Aufbau meines Stage-Pianos sahen wir uns allerdings mit einer weiteren Hürde konfrontiert: es gab nicht genügend Steckdosen.

Die Band hatte sämtliche Steckdosen (sagenhafte drei!) im Bühnenbereich belegt und ihr Equipment gekonnt ans Stromnetz angeschlossen.

Auf unserer Seite des Saales gab es keine Steckdose. Die nächste war also an der gegenüberliegenden Seite des Saales, etwa 15 Meter entfernt. Ich hatte zwar wie immer mein Verlängerungskabel dabei, allerdings ist das nur zehn Meter lang, mehr ist auch selten nötig.

Der Barkeeper war schließlich doch so freundlich, noch irgendwo aus den Untiefen des Stadels eine verdreckte Kabeltrommel hervorzuziehen, schloss diese an, und es wurde augenblicklich dunkel im Saal.

Leider wusste keiner so recht, wo sich in dem Stadel der Sicherungskasten befand, so dass ein heilloses Chaos begann, bis der Barkeeper endlich wieder die Beleuchtung einschalten konnte.

Bei der nächsten Steckdose hatten wir mehr Glück, diese funktionierte einwandfrei, allerdings mussten wir unser Kabel dazu quer durch den ganzen Saal legen.

Endlich ans Stromnetz angeschlossen, konnten wir uns ein wenig einsingen und die Akustik im Saal testen.

Kurz darauf kam der Onkel des Bräutigams, der die Zeremonie leiten sollte. Er war sichtlich nervös und erklärte uns, dass es sein erstes Mal sei, er habe auch nicht so wirklich eine Ahnung, wie der Ablauf sei und was er so sagen solle.

Er weigerte sich anfangs auch standhaft, in ein Mikrofon zu sprechen, er wolle lieber ohne Verstärkung sprechen. Leider war er aber nicht mit einer sonoren Bassstimme sondern mit einer Unterart von Mickey Mouse gesegnet, so dass wir alle Überredungskunst aufwendeten und ihn schließlich überzeugten, ein Mikrofon zu verwenden.

Die Gäste saßen nun auf ihren Plätzen, die Trauung sollte beginnen mit dem Einzug der Braut am Arm ihres Vaters, während „white wedding" in der Originalaufnahme gespielt werden sollte. Meine Hinweise, dass ich das Lied auch live spielen könnte, waren im Vorfeld abgeschmettert worden, das Brautpaar bestand auf der Originalaufnahme.

Der Barkeeper und DJ hatte aber wohl seine Anlage nicht ganz im Griff, denn er legte zunächst ein falsches Lied auf, das nun laut durch den Saal tönte.

Die Braut blieb also nach dem ersten Schritt abrupt stehen und schüttelte heftig protestierend den Kopf.

Panisch drückte der DJ auf diverse Knöpfe bis endlich das richtige Lied zu hören war, zuvor erklangen diverse Liedanfänge quer durch die Schlager-, Rock- und Popgeschichte.

Die Braut schritt sichtlich erleichtert am Arm ihres Vaters durch den Saal nach vorne. Allerdings tat sie das nicht besonders würdevoll, denn sie hatte zu ihrem tortenförmigen Brautkleid im Stil der Fünfzigerjahre weiße Moonboots an. Es war ja Februar und sie wollte ihre Ehe vermutlich nicht mit einer Blasenentzündung starten.

Vorne angekommen, nahm sie neben ihrem zukünftigen Mann Platz auf einer liebevoll dekorierten Bank in Herzform.

Der Onkel haspelte nun seine vorbereiteten Texte herunter, wobei er es tunlichst vermied, so ins Mikrofon zu sprechen, dass die Gäste der hinteren Reihen auch noch etwas hören konnten.

Wir schwankten zwischen Mitleid und Belustigung, etwas Besonderes war diese Premiere eines Hochzeitsredners allemal.

Mit Hingabe sangen wir unsere vorbereiteten Lieder und amüsierten uns köstlich über die bunte Gesellschaft und das Brautpaar, die alle im Stil der Fünfzigerjahre gekleidet waren.

Nach exakt 17 Minuten war die Zeremonie bereits zu Ende, obwohl wir uns redlich bemüht hatten und wirklich alle möglichen Strophen jeden Liedes gesungen hatten.

Das Brautpaar empfing jetzt, auf ihrer Herzchenbank sitzend, die Glückwünsche der Gäste.

Da wir uns direkt daneben befanden, kramte ich noch ein paar Instrumentalstücke heraus, um die Gäste währenddessen zu unterhalten, so wie ich das im Vorfeld auch mit dem Brautpaar vereinbart hatte.

Leider war das Kabel, das wir ja quer durch den Saal gelegt hatten, der Brautmutter wohl ein Dorn im Auge. Sie hatte Angst jemand könnte stolpern.

Nach wenigen Takten kam sie also auf uns zu und erklärte uns wutentbrannt, wir sollten sofort das Kabel entfernen. Meine Sängerin erklärte ihr, dass ich dann nicht mehr spielen könne, woraufhin sie meinte, das wäre ihr völlig egal. Ich entgegnete, dass wir mit dem Brautpaar aber vereinbart hatten, die Glückwünsche noch musikalisch zu untermalen und es doch wohl deren Entscheidung sei.

Sie aber stapfte wortlos in Richtung Steckdose und ich konnte mein Stage-Piano in letzter Sekunde abschalten, um einen möglichen Schaden zu verhindern, da zog sie auch schon das Kabel aus der Steckdose.

Schließlich nahm sie das Kabel, warf es in unsere Richtung und wies uns an, das Stage-Piano augenblicklich zur Seite zu stellen, es störe hier.

Völlig konsterniert und reglos vor Entsetzen sahen wir dem Treiben der Brautmutter zu, die Gedanken rasten, aber die Situation war so irrwitzig, dass ich mich komplett außerstande sah zu reagieren. Ich wollte ja nicht vor der versammelten Hochzeitsschar einen lautstarken Streit anzetteln. Und bei der Vehemenz, die die Brautmutter an den Tag legte, wären auch Handgreiflichkeiten durchaus im Bereich des Möglichen gewesen.

Völlig sprachlos packten wir deshalb in aller Eile unser Equipment ein und verschwanden ohne dem Brautpaar zu gratulieren.

Wir versuchten, uns einfach schnellstmöglich unsichtbar zu machen.

Nun hatte man uns also tatsächlich das erste Mal nicht nur sprichwörtlich den Stecker aus der Wand gezogen.

Rot

Wie schon erwähnt, ist es bei Gottesdiensten eher weniger üblich, dass es einen Dresscode gibt. Das würde meistens auch keinen Sinn ergeben, da man sowieso auf der Empore, also für die Gemeinde unsichtbar ist. Es gibt aber auch Ausnahmen.

Ich war von einer evangelischen Nachbargemeinde engagiert worden, dort sollte ein Festgottesdienst stattfinden, musikalisch vom dortigen Chor gestaltet. Ich sollte an der Orgel begleiten.

Ein paar Tage vorher trafen wir uns zur gemeinsamen Probe, die sehr harmonisch verlief, so dass ich dem Gottesdienst entspannt und freudig entgegensah.

Am Sonntag war schönstes Frühsommerwetter, es war noch ein wenig kühl, versprach aber im Laufe des Tages richtig heiß zu werden. Ich wählte aus meinem Kleiderschrank eine schwarze Hose und eine rote Bluse, dazu noch eine Strickjacke für die Hinfahrt.

In der Kirche angekommen kam mir mit jedem eintreffenden Chorsänger jedoch die schockierende Erkenntnis: es gab einen Dresscode und der lautete definitiv schwarz. Ich fragte die Chorleiterin, ob ich die Anweisung überhört hätte, sie entschuldigte sich jedoch, man habe das schon in eine der vorherigen Proben vereinbart und vergessen, mich zu informieren.

Da stand ich also in schwarzer Hose und knallroter Bluse und zwar an einer Orgel, die inmitten des Altarraumes stand. Die Gemeinde würde mich zwar nur von hinten sehen, aber doch saß ich zentral im Mittelpunkt des Geschehens.

Vor Beginn des Gottesdienst hatten wir noch eine kurze Probe, während der ich fieberhaft überlegte, wie ich die Situation retten konnte.

Die Chorleiterin hatte mir zwar versichert, dass es kein Drama sei, wenn ich nicht in schwarz gekleidet sei, schließlich sei ich ja Organistin und keine Chorsängerin, aber ich fühlte mich unwohl dabei, optisch hervorzustechen und wie eine Operndiva in knallrot den Fokus auf mich zu lenken.

Also beschloss ich meine Strickjacke, die glücklicherweise schwarz war, darüber zu ziehen, auch wenn es aufgrund der einsetzenden Hitze nicht mehr nötig war, es würde vermutlich auch etwas warm werden. Egal, da musste ich einfach durch, ich hatte schließlich vorab vergessen zu fragen, also musste ich das jetzt durchziehen und ertragen.

Der Gottesdienst begann musikalisch mit einem wunderschönen Chorgesang, begleitet von mir an der Orgel, der Pfarrer begrüßte im Anschluss die anwesende Gemeinde.

Nach zehn Minuten bemerkte man bereits deutlich die fehlende Lüftung im Gotteshaus, die Temperatur stieg an, während der Sauerstoffgehalt der Luft abnahm.

Unter meiner extra winddichten Strickjacke wurde es langsam heiß, ich schwor mir jedoch, diese keinesfalls auszuziehen, meinen Fehler in der Kleiderwahl würde ich schon schön selbst ausbaden.

Der Chor sang ein schwungvolles Gloria und verströmte nicht nur wohligen Klang, sondern auch diverse Düfte von Körperflüssigkeiten, nicht immer zur Freude der Umstehenden und mir.

Mein persönliches Thermometer war stark angestiegen und ich hätte mir liebend gerne meine Jacke vom Leib gerissen. Aber nein, in roter Bluse da zu sitzen war noch schlimmer, also Zähne zusammen beissen und still halten.

Als der Pfarrer zu einer wortreichen Predigt ansetzte, nahmen die Chorsänger ihre Sitzplätze ein und ich saß endgültig und komplett alleine im Fokus all derer, die den Worten des Pfarrers nicht mehr folgen konnten oder wollten und nun etwas Ablenkung suchten.

Mittlerweile bemerkte ich auch, dass meine Bluse schon komplett durchgeschwitzt war, ans Ausziehen der Jacke war jetzt also sowieso nicht mehr zu denken, der Anblick einer roten Bluse mit dunkelroten Schweißflecken darauf würde endgültig zum Stadtgespräch der nächsten zwei Wochen reichen.

Tapfer versuchte ich mich möglichst still zu halten, jede Bewegung zu vermeiden und langsam zu atmen.

Leider stieg die Sonne immer weiter nach oben und erwärmte die Kirche zunehmend und deutlich spürbar.

Durch die vielen bunten Glasfenster zeichnete die Sonne wunderschöne Farben in die Kirche, ich hingegen verfluchte diesen sonnendurchfluteten Raum und wünschte mir meine angenehm kühle Baumburger Kirche zurück, die immer einige Grad kälter war als draußen.

Da ich der Orgel zugewandt und somit mit dem Rücken zu den Besuchern saß, machte ich unbemerkt meine Jacke vorne auf und fächerte mir mit der Bluse ein wenig Luft in den Ausschnitt. Mein Rücken glühte trotz alledem immer mehr und langsam wurde die Luft so sauerstoffarm, dass mir ein wenig schummerig wurde.

Leider sitzt man auf einer Orgelbank ja nicht gerade bequem, es ist ja auch kein Stuhl, sondern Teil eines Arbeitsgerätes, so dass man jederzeit gekonnt mit den Füßen zum Pedal gelangen kann. Und natürlich besitzt eine Orgelbank auch keine Lehne, auf der man sich mal kurz bequem anlehnen könnte.

So saß ich also starr auf meiner Orgelbank, fing allmählich zu schwanken an und zerfloss schier in meinem eigenen Schweiß. Schließlich musste ich mich festhalten, um nicht rücklings von der Bank zu fallen und versuchte mich an diversen Atemübungen, um meinen Kreislauf zu stabilisieren.

Der Pfarrer hatte nun seine Ansprache beendet und der Chor erhob sich von seinen Plätzen und formierte sich zum nächsten Lied.

Mit einem Nebelschleier vor Augen versuchte ich den Gesang zu begleiten, ich konnte mich auch später nicht mehr daran erinnern, ob mir das geglückt war oder es eher einem „Tastensuchspiel" mit wenig Erfolg glich.

Glücklicherweise beendete der Pfarrer im Anschluss den Gottesdienst mit dem Schlusssegen, das gab mir nochmal Kraft, das letzte Musikstück durchzuhalten und so sangen und spielten wir die Gemeinde in den wahrhaft sonnigen Sonntag.

Während die Chorsänger sofort nach dem Ende des Gottesdienstes nach draußen stürmten, zog ich zuerst meine Jacke aus. Gleich von der Orgelbank aufzustehen schien mir zu riskant, denn mein Kreislauf war nach wie vor am Boden. Ich brauchte jetzt erst einmal ein Quäntchen Luft und musste wieder zu Kräften kommen.

Während ich tief ein- und ausatmete, gratulierte mir der Chorleiter zu meinem einfühlsamen Orgelspiel, das ihn heute besonders begeistert hatte. Schön, dass mein reduziertes Geklimpere so großen Anklang fand.

Und als ich endlich die Kirche verlassen hatte, schwor mir, nur noch in schwarzer Konzertkleidung zu einem Gottesdienst mit Chor zu erscheinen, so etwas Peinliches würde mir sicher nicht noch einmal passieren.

Den restlichen Tag verbrachte ich dann im Schatten liegend unter einem Apfelbaum, um meinen Kreislauf zu regenerieren.

Chanson

Einmal im Monat gönne ich mir einen entspannten Mädelsabend, fern von Arbeit und Alltag. Und wenn mein Mann mich an so einem Abend anruft, weiß ich, es ist etwas Wichtiges.

Eine Regisseurin hatte einen Hilferuf geschickt, ihr Pianist sei ausgefallen und sie suche händeringend einen Ersatz für einen Theaterabend über einen bekannten Schriftsteller und Dichter, der in drei Wochen stattfinden sollte. Es sei nicht viel für mich zu spielen und daher problemlos machbar. Der Blick in meinen Terminkalender zeigte mir, dass ich durchaus Zeit hätte. Da ich eh immer offen bin für neue Projekte, sagte ich also sofort zu und freute mich auf diese Herausforderung.

Zwei Tage später erhielt ich die Noten und den Proben- und Spielplan. Beim Blick darauf traf mich fast der Schlag: die dritte Aufführung war nicht – wie ursprünglich erwartet – wie die anderen beiden Termine am Abend, sondern bereits am Spätnachmittag.

Exakt eine halbe Stunde, nachdem die Aufführung des Martinspiels meines Kinderchors im 10 km entfernten Nachbarort beginnen würde, sollte ich also beim Dichterabend auf der Bühne stehen, ein Ding der Unmöglichkeit.

Ich schilderte also mein Dilemma der Regisseurin, die mich sofort beruhigte, mein erster Einsatz sei erst in der zweiten Hälfte des Abends, so dass ich genügend Zeit dazwischen hätte. Genügend Zeit ist dabei natürlich sehr relativ und auch Ansichtssache. Selbst wenn ich erst nach der Pause im Konzert gebraucht wurde, so war dazwischen bestenfalls ein Zeitfenster von einer halben Stunde, in der ich 10 Kilometer überwinden und mental und musikalisch vom heiligen Martin zum Dichterabend kommen musste.

Die zu begleitenden Stücke waren zum Glück nicht sehr umfangreich, aber nicht ganz einfach, so dass ich mich sofort ans Klavier setzte und zu üben begann.

In den nächsten Tag fanden dann die Proben statt, wobei wir auf meinen Vorschlag hin auch noch andere Gedichte mit Musik unterlegten, so dass das Programm noch ein wenig interessanter werden würde.

Fünf Tage vor der Premiere war eigentlich das gesamte Programm gut geprobt, nur war leider eine der Sängerinnen, die ich begleiten sollte, immer noch erkrankt. Die Regisseurin war jedoch der Meinung, dass es schon sehr, sehr schade sei, wenn ausgerechnet dieser Chanson im Programm wegfallen würde und nachdem ich ihn doch schon am Klavier könne, wäre es doch für mich als Profi ein Leichtes, den Chanson auch noch zu singen.

Tja, nun singe ich zwar für mein Leben gerne und ich begleite mich dabei auch, aber einen Chanson hatte ich bis zu diesem Zeitpunkt noch nie gesungen. Die Darbietung eines ironisch-witzigen Chansons stellt nicht nur eine sängerische Herausforderung dar, sondern erfordert auch ein großes Stück Schauspielkunst, und da hatte ich bisher keine großen Erfahrungen. Und ich hatte mir bis dahin auch nur die Klavierstimme und kein bisschen die Gesangsstimme angeschaut, dazu hatte es ja keine Veranlassung gegeben.

Aber man wächst ja an seinen Herausforderungen, also sagte ich der Regisseurin zu, den Chanson im Konzert zu singen.

Kaum zu Hause, hörte ich mir unzählige Chansons an, um mich in die Gesangstechnik einzuhören. Ich probierte es selbst nachzusingen und versuchte mich in die darzustellende Rolle einer selbstbewussten Frau im Jahre 1920 einzufühlen. Außerdem besorgte ich mir noch einen Hut und rote Highheels, um mich bei meinem Stück auch optisch passend dem Publikum zu präsentieren.

Trotzdem war ich mehr als unsicher, ob ich dem Chanson gerecht werden und mich nicht blamieren würde.

Zwei Tage vor der Premiere präsentierte ich deshalb den Chanson dem Theaterensemble und war sehr erleichtert über das positive Feedback.

Die Premiere verlief dann ohne große Komplikationen und ich freute mich schon auf die Darbietung meines Chansons, eine neue Musikrichtung, die ich in den letzten Tagen für mich entdeckt und lieben gelernt hatte. Auch das Publikum war glücklicherweise ganz angetan von meinen Chansonkünsten.

Die zweite Vorstellung am darauffolgenden Tag war ebenso gelungen und ich fühlte mich zunehmend sicherer bei meinem Chanson.

Allerdings graute mir etwas vor der dritten Vorstellung, die ja um 17.00 Uhr, also kurz nach der Aufführung meines Kinderchors, stattfinden sollte. Durch eine weitere musikalische Untermalung eines Gedichts war mein Einsatz bereits 20 Minuten nach Beginn, ich hatte das bei der Premiere extra gestoppt. Das Martinsspiel begann um 16.30 Uhr und dauerte 30 Minuten, so dass ich bestenfalls 20 Minuten Zeit hätte für die Autofahrt und die Vorbereitung, um Punkt 17.20 Uhr musste ich auf der Bühne stehen.

Ich instruierte also das gesamte Theaterensemble, dass am Sonntag zum einen die rückwärtige Bühnentür offen gelassen werden sollte, damit ich ungehindert rein könnte und zum anderen dass der Beginn nach Möglichkeit fünf Minuten nach hinten verschoben würde.

Für das Martinsspiel hatte ich mit meinem Kinderchor in den Ferien vorher fleißig geprobt, die Kinder konnten die Texte und Lieder und alle freuten sich auf die Aufführung.

Drei Tage vor der Aufführung, wenige Minuten vor der Generalprobe, erfuhr ich wie beiläufig, dass ein Junge nun doch Muffensausen bekommen habe und nicht mitspielen wolle. Er habe eigentlich überhaupt nicht mitspielen wollen, aber Mama und Schwester hatten ihn dazu überredet. Aber nachdem nun der Tag der Wahrheit gekommen sei habe er beschlossen, dass er doch nicht spielen könne, die Überredungskünste von Mama und Schwester halfen nun auch nichts mehr.

Ich rollte innerlich mit den Augen über dieses Chaos und hätte instinktiv gerne gesagt: „dann spielst du halt nicht, aber nie wieder!"

Als Bettler war er aber unverzichtbar im Martinsspiel und hatte zudem nur drei einfache Sätze zu sagen, so dass die Kinder und ich ihm gut zuredeten und er schließlich doch bereit war, mitzuspielen.

Für die Aufführung war mir das aber zu riskant, denn ein Martinsspiel ohne Bettler funktioniert nun mal nicht, so dass ich meinen Sohn kurzerhand überredete, im Notfall einzuspringen.

Eine halbe Stunde vor der Aufführung fragte ich also nochmals nach, ob der Bettler nun seine Rolle spielen wolle und erklärte ihm, wenn er nicht wolle, dann würde mein Sohn für ihn einspringen, das sei überhaupt kein Problem. Ich fragte mehrmals nach und erklärte ihm, dass er nun wirklich spielen müsse, in einer halben Stunde beginne die Aufführung. Völlig überzeugend erklärte er mir, dass er der Bettler sei und kein anderer!

Mein Sohn verabschiedete sich also wieder, als Teenager hatte er sowieso wenig Lust gehabt, in einem Kinderstück mitzuspielen.

Mit dem Kinderchor sang ich dann noch ein paar Lieder zur Einstimmung an, meinen Bettler wähnte ich irgendwo im Chor in der Nähe seiner mitsingenden Schwester. Alle waren bestens gelaunt und ein wenig nervös, freuten sich aber auf die bevorstehende Aufführung.

Während sich die Kirche schön langsam mit Besuchern füllte, gingen wir noch kurz in die Sakristei.

Und dort erwartete mich dann eine Mama mit dem tränenüberströmten Bettler. Nein, er könne nicht spielen!

Da seine Sätze irrelevant waren, erklärte ich ihm, dass er sich nur hinsetzen sollte, das reiche völlig.

Nein, auch das könne er auf gar keinen Fall. Er schien der Ohnmacht nahe und war nur mehr ein schluchzendes Bündel Elend. Wie ein Baby kuschelte er sich an seine Mama und barg sein verheultes Gesicht in deren Jacke.

Die anderen Kinder wurden sichtlich unruhig und hatten Angst, dass nun das gesamte Martinsspiel ins Wasser fallen würde.

Alle Überredungskunst half nichts, im Gegenteil, sein Klagen wurde immer lauter und herzzerreißender.

Aber auch meine Nerven waren am Ende und meine Improvisationskünste wussten keine Lösung, wie das Martinsspiel ohne Bettler stattfinden konnte.

Insgeheim verfluchte ich mich, dass ich meinen Sohn hatte ziehen lassen. Andererseits konnte es ja nicht sein, dass ich immer für alle Eventualitäten eine Lösung parat hatte. Die Mutter des Jungen hatte gewusst, dass es schwierig werden würde, also war ja auch sie in der Verantwortung.

Die anderen Kinder wurden immer unruhiger, aus der voll gefüllten Kirche hörte man die anderen Eltern und Familienmitglieder, die schon sehnsüchtig darauf warteten, ihr Kind zu sehen.

Und wir hatten immer noch keinen Bettler ...

Drei Minuten vor Beginn stellte ich mich mit dem Kinderchor in der Kirche auf, unseren Bettler ließ ich in der Obhut seiner Mama und der Gemeindereferentin, vielleicht fanden die eine Lösung.

Nach langem Zureden der beiden setzte er sich schließlich doch auf seinen Platz, mutmaßlich waren allerhand Versprechen notwendig gewesen, um ihn zu überzeugen, und das Martinsspiel begann pünktlich um 16.30 Uhr.

Ich war erleichtert und betete, dass er einfach sitzen bleiben würde ohne einen weiteren Weinanfall.

Seine 3 Sätze waren nicht weiter wichtig, die konnte er auch gerne weglassen, einfach sitzenbleiben. Den armen Blick des Bettlers stellte er hervorragend dar, auch die roten Augen passten ehrlicherweise wunderbar zu seiner Rolle.

Die Kinder sangen und spielten begeistert die Geschichte des heiligen Martin nach, die Zuschauer in der brechend vollen Kirche waren restlos begeistert.

Als die Ernennung des Martins zum Bischof anstand, verwechselte ein Mädchen einen Satz mit einem späteren und ein anderes Mädchen konterte mit „seht dort Martin bei den Gänsen". Allerdings hatte sich Martin zu diesem Zeitpunkt noch gar nicht bei den Gänsen versteckt, sondern stand eigentlich noch neben ihr. Sowohl das Mädchen als auch Martin und die übrigen Kinder sahen mich hilfesuchend an, sie hatten einfach zwei Seiten im Skript übersprungen.

Da aber die vorherigen Sätze eher unbedeutend gewesen waren und um jetzt kein Chaos zu initiieren, gab ich den Kindern ein Zeichen, einfach fortzufahren.

Für mich persönlich hatte das ja den Vorteil, dass ich nunmehr wieder drei Minuten Zeit gewonnen hatte.

Das Martinsspiel dauerte also nur 21 Minuten, die Kinder waren erleichtert und stolz und die Eltern und Großeltern spendeten frenetischen Applaus.

Im Vorfeld hatte ich der Gemeindereferentin bereits mein zeitliches Dilemma geschildert, so dass ich wie verabredet sofort am Ende des Martinsspiel die Kirche durch den Seiteneingang verließ, ohne noch das anschließende Vaterunser abzuwarten. Draußen wartete bereits mein Mann im Auto mit laufendem Motor, denn ich hatte die Befürchtung gehabt, dass ich sonst zwar einigermaßen pünktlich am nächsten Konzertort ankommen würde, aber keinen Parkplatz finden könnte.

Wir waren aber bestens in der Zeit, die Kinder hatten beim Martinsspiel ein wenig schneller gesprochen als in der Probe und zudem ein paar Sätze ausgelassen, so dass wir fünf Minuten früher eintrafen als kalkuliert.

Ich sprang aus dem Auto und sprintete Richtung Konzertsaal.

Genau in dem Augenblick, als das Theaterensemble die Bühne betrat, wie besprochen fünf Minuten später als am Vorabend, kam ich im Saal an, perfekter hätte es nicht laufen können.

Ich konnte mich hinter der Bühne noch kurz frisch machen und mich vom heiligen Martin in das Berlin der zwanziger Jahre denken und dann ging es auf die Bühne zu meinem geliebten Chanson.

Auch wenn doch wieder einmal alles in letzter Sekunde gut gegangen war, so kostete es mich doch einige Nerven und ich schwor mir, derlei Terminüberschneidungen zukünftig tunlichst zu vermeiden.

Summertime

Bei fast jeder Hochzeit gibt es Unvorhergesehenes, Zwischenfälle und Pannen, die sich im Nachhinein betrachtet eigentlich hätten vermeiden lassen.

Deshalb bekommen die Brautpaare von mir mittlerweile einige Tipps an die Hand, die ich aus diesen Erfahrungen gewonnen habe und die ihren Hochzeitstag noch perfekter machen können.

Der Tipp, den ich Brautpaaren aus der folgenden Geschichte mitgebe ist: habt keine Scheu auch in der Kirche die Zeremonie zu unterbrechen, wenn ihr euch nicht wohl fühlt. Es ist euer großer Tag, den sollt ihr genießen und zwar von der ersten bis zur letzten Sekunde.

Das überaus sympathische Brautpaar kam einige Monate vor dem großen Tag zu mir zur Beratung.

Von meiner Seite aus das ideale Brautpaar: sie hatten eine klare Vorstellung von der musikalischen Gestaltung, waren aber auch offen für meine Vorschläge. Und so erstellten wir gemeinsam einen gelungenen und stimmigen Plan für ihre Hochzeitsmusik.

Das Brautpaar hatte sich für moderne Literatur entschieden, ich sollte zusammen mit meiner Sängerin singen, bei den Gemeindeliedern sollte mein Mann noch an der Gitarre begleiten.

Der Hochzeitstag selbst war im Juli, seit Tagen war brütende Hitze und auch dieser Tag versprach sommerlich heiß zu werden. Meine Musiker und ich waren entsprechend luftig gekleidet und trotzdem stand uns bei der kleinsten Bewegung der Schweiß auf der Stirn.

In der kleinen Kirche positionierten wir uns, wie mit dem Brautpaar abgesprochen, im Altarraum seitlich, wo ab und zu ein kleines Lüftchen durch die Sakristeitür vorbei wehte.

Wir waren bestens für die Hochzeit vorbereitet und sahen der Zeremonie gelassen entgegen.

Als der Mesner das Klingelzeichen gab, begannen wir mit dem ersten Musikstück, während das Brautpaar zusammen mit dem Pfarrer und den Ministranten von hinten feierlich einzog. Mein erster Gedanke, als ich das Brautpaar sah, war: das ist nicht der Bräutigam, der bei mir im Beratungsgespräch war. Hatte die Braut etwa den Bräutigam ausgetauscht? Was war geschehen? Ich versuchte, mich auf die Musik zu konzentrieren und dabei aber möglichst viel vom Brautpaar zu erspechten.

Nach genauerem Hinsehen stellte ich fest, dass ich mich doch geirrt hatte. Es war tatsächlich der richtige Bräutigam, der auch bei mir im Beratungsgespräch gewesen war, allerdings kaum mehr erkennbar, da er beinahe grün im Gesicht war. Mehr torkelnd als gehend und mit klar erkennbar ungesunder Gesichtsfarbe, kam er an der Seite seiner wunderschönen Braut entlang geschritten.

Meine erste Vermutung, er habe wohl am Abend zuvor ein wenig zu tief ins Glas geschaut, verwarf ich schnell wieder, da im Laufe der ersten Minuten ersichtlich wurde, dass er schlichtweg unheimlichen Durst hatte und völlig dehydriert war. Seine Lippen waren fast weiß und völlig spröde, die Augen klein und eingesunken.

Auch meiner Sängerin und meinem Mann war der desolate Zustand des Bräutigams aufgefallen und ohne ein Wort zu sprechen verständigten wir uns darauf, von nun an ein wachsames Auge auf ihn zu haben.

Wir beobachteten ihn also weiterhin mit Argusaugen, hatten aber nicht das Gefühl, dass es ihm besser ging, als er sich zur Lesung setzen konnte, im Gegenteil, er sackte förmlich in sich zusammen und für einen Bruchteil einer Sekunde schien es so, als ob er gleich vom Stuhl fallen würde.

Da ich direkt neben der Tür der Sakristei stand, huschte ich dort hinein und fragte den Mesner nach einem Glas Wasser. Erste-Hilfe war aber wohl nicht sein Spezialgebiet, denn er konterte gereizt: „Ich hob koa Glasl do".

Das hatte ich ehrlich gesagt noch nie erlebt, denn in einer Kirche sackt immer mal wieder einem Besucher der Kreislauf weg und ein Glas Wasser ist dann ja wohl Standard. Mehr als ein völlig verdattertes „ähh, ok" brachte ich nicht heraus, völlig fassungslos über so wenig Hilfsbereitschaft.

Der Mesner wandte sich sofort wieder seiner Arbeit zu, er putzte gerade mit Hingabe einen bereits glänzenden goldenen Kelch, und ich schlich leise wieder in die Kirche zurück, in der gerade das Ende der Lesung zu hören war.

Jetzt musste eine andere Lösung her, der Bräutigam würde sonst seine eigene Trauung nicht unbeschadet überstehen.

Dummerweise hatten wir Musiker zwar Wasser dabei, aber eine dieser riesengroßen Plastikflaschen, die zum einen nicht gerade elegant wirken und zum anderen beim Trinken gerne knirschen und knacksen und zwar in einer Lautstärke, die jeden Gottesdienstschläfer garantiert wecken würde.

Als der Pfarrer schließlich zur Predigt ansetzte, sahen wir die Lösung für den Bräutigam gekommen.

Der Pfarrer verglich nämlich die Ehe mit einer Bergtour und hatte dazu einen Rucksack mit dabei, bei dem an der Seite eine kleine Flasche Wasser steckte. Und zwar eine ungeöffnete Flasche voller herrlichstem Mineralwasser, ideal um einen kräftigen Schluck davon zu nehmen nach einer anstrengenden Bergtour oder für diesen etwas anstrengenden Beginn dieser Ehe.

Allerdings fehlte dem Bräutigam wohl der Mut, den Pfarrer darauf anzusprechen, er stierte die Flasche nur an, vermutlich versuchte er das Wasser telepathisch in sich einzusaugen und sackte dabei immer mehr in sich zusammen, immer noch grün im Gesicht.

Der Pfarrer seinerseits war so begeistert von seiner Ansprache, dass er nicht bemerkte, in welcher akuten Notlage sich der genau vor ihm sitzende Bräutigam befand.

Vielleicht hatte er den Bräutigam beim vorangegangenen Traugespräch auch nicht genau angeschaut, ansonsten hätte ihm auffallen müssen, dass etwas am Erscheinungsbild des Mannes faul war.

Dass die Bräute in der Hochzeitsvorbereitung vom unscheinbaren Entlein zur strahlenden Schwanenkönigin mutieren ist ja normal, aber der Bräutigam ist eigentlich immer zweifelsfrei erkennbar.

Nun gut, manche Menschen haben einfach auch kein Personengedächtnis.

Wir standen weiter ratlos daneben und behielten den Bräutigam im Blick.

Zur anschließenden Trauzeremonie schien dieser sich wieder aufrappeln zu können, nuschelte hastig sein Eheversprechen in Richtung seiner Braut und steckte ihr den Ring an den Finger.

Ich stellte mir dabei die Frage, ob er sein Ja-Wort wohl im Nachhinein anfechten könnte, da er ja nicht ganz bei Sinnen war und vom Durst gefoltert wurde.

Sichtlich erleichtert setzte er sich beim anschließenden Lied hin und schloss die Augen.

Wir machten uns trotzdem Sorgen, ob er diesen Gottesdienst durchstehen könnte, denn jetzt war ja erst die Hälfte um und es ging ihm immer schlechter.

Mittlerweile war in der Kirche brütende Hitze, der Sauerstoffgehalt der Luft war kaum messbar und auch bei den Gästen rann der Schweiß in Strömen.

Während der Fürbitten ging ich deshalb zu ihm hin und bot ihm an, von unserer Wasserflasche zu trinken. Die Aufmerksamkeit der Gottesdienstbesucher galt gerade den Lektoren, die auf der anderen Seite des Altarraums standen, ein günstiger Zeitpunkt also, um unbemerkt einen Schluck zu trinken.

Trotz meiner mehrmaligen Nachfrage lehnte der Bräutigam aber ab, er wollte sich wohl keiner Blöße hingeben.

Für uns stieg aber die Spannung nun umso mehr, denn er wäre nicht der erste Bräutigam, der in der Kirche ohnmächtig werden würde.

Zum Hochgebet nun musste sich das Brautpaar hinknien, der Bräutigam fing bedenklich an zu schwanken und hielt sich an der Kommunionbank fest.

Ich gab meinem Mann ein Zeichen, dass er seine Gitarre beiseite stellen sollte und den Bräutigam nicht mehr aus den Augen lassen sollte, um ihn im Notfall aufzufangen und Schlimmeres zu verhindern. Ich saß ja hinter meinem Stage-Piano und wäre dafür einfach zu langsam gewesen.

Zum Vaterunser stand das Brautpaar schließlich auf, ein kritischer Moment für den Bräutigam und ich bin mir sicher, dass er zu diesem Zeitpunkt nur mehr schwarz vor Augen hatte und nicht einmal das strahlend weiße Kleid seiner wunderschönen Braut sehen konnte. Er hielt sich tapfer an der Kommunionbank vor sich fest und bewegte die Lippen beim gemeinsamen Gebet, das „gib uns unser tägliches Brot" ergänzte er im Geiste sicher mit „und sofort einen Schluck Wasser!".

Glücklicherweise wurde sein Gebet tatsächlich erhört und so durfte das Brautpaar zur Kommunion eine Hostie und einen kleinen Schluck Wein zu sich nehmen, der rettende Schluck.

Er hatte wohl die Lebensgeister des Bräutigams wieder soweit geweckt, dass er die restlichen fünf Minuten der Zeremonie unbeschadet und ruhig sitzend gut überstand.

Während bei anderen Hochzeit oft der Bräutigam der Braut half mit ihrem fulminanten Kleid aufzustehen, sich umzudrehen und würdevoll aus der Kirche zu schreiten, so war das hier genau umgekehrt.

Die Braut hakte sich bei ihrem Mann unter, wobei sie ihn sanft stützte und leitete, so dass er den weiten Gang zur Kirchentür unter den Augen aller Gäste unbeschadet überstand und schließlich endlich wieder Frischluft bekam.

Als wir wenige Minuten nach dem feierlichen Auszug gratulieren wollten war das Brautpaar schon in Richtung Gasthaus abgefahren.

Wir atmeten erleichtert auf, waren aber auch vor lauter Anspannung und Hitze komplett durchgeschwitzt und mit den Nerven am Ende.

Einige Tage später rief die Braut an, um sich bei mir für die Musik zu bedanken.

Ich fragte sie vorsichtig, ob denn der Bräutigam krank gewesen sei und wie es ihm ginge.

Sie erklärte mir, er habe am Hochzeitstag schlichtweg nichts getrunken und gegessen gehabt bis zur Kirche am Mittag. Kurz vor dem Einzug in die Kirche habe er das seiner Braut auch gesagt und ihr seine Notlage geschildert. Seine Zukünftige hätte auch noch etwas besorgen wollen, aber er meinte, er schaffe das schon, man wolle doch die Hochzeitsgemeinde nicht warten lassen.

Allerdings gestand er seiner Braut später auch, dass er kaum etwas vom Gottesdienst mitbekommen habe, da ihm immer wieder schwarz vor Augen geworden sei.

Beerdigung im Eis

Eines Abends erhielt ich den besorgten Anruf eines jungen Mannes, der Vater seiner Freundin sei gestorben. Da der Verstorbene zwar längere Zeit krank, aber noch nicht sehr alt gewesen sei, wäre es ein Schock für die Familie. Die Freundin sei derzeit außerstande, die Beerdigung zu organisieren, weshalb er das übernommen habe. Von einer gemeinsamen Bekannten sei ich ihm als Sängerin empfohlen worden.

Den Termin der Beerdigung hatte ich noch frei, also sagte ich zu und besprach mit dem jungen Mann die gewünschten Lieder. Die Beerdigung befand sich zwar außerhalb meines regulären Einzugsgebietes und bedeutete eine einstündige Anreise für mich, aber der junge Mann bat mich so eindringlich um Unterstützung, dass ich ihm diese nicht verwehren wollte.

Es war tiefster Winter, am Tag der Beerdigung blies ein eiskalter Wind und das Thermometer zeigte 15 Grad unter Null.

Eine Stunde vor Beginn des Requiems traf ich mit meinem Stage-Piano bei der Kirche ein und erkundete die Gegebenheiten, denn ich hatte dort noch nie gespielt. Der Altarraum erwies sich als recht großzügig geschnitten und wurde durch zwei weitläufige Stufen vom Kirchenschiff getrennt.

Ich platzierte mich auf der ersten Stufe im seitlichen Bereich, so dass ich etwas erhöht war, aber niemandem im Weg stehen würde.

Kaum klimperte ich ein paar Töne zum Einspielen, erschien die Mesnerin und manifestierte empört:

„Do kennan´S aber ned bleim! Im Altarraum ham Sie nix verloren!".

Nachdem ich davon ausging, dass die Mesnerin nicht wusste, wer ich war oder weshalb ich hier war, versuchte ich ihr zu erklären, dass ich für die Beerdigung engagiert worden sei und hier nun singen und spielen würde.

„Aber sicher ned do hervorn! Gengans hoid auf de Empore!" war ihre prompte Antwort, auf die ich zu erklären versuchte, dass ich mein 30-kg-Stage-Piano garantiert nicht auf die Empore schleppen würde.

Vehement beharrte sie darauf, dass ich nichts im Altarraum verloren hätte. Ich erklärte ihr geduldig, dass ich Kirchenmusikerin sei und durchaus wisse, was ich tue. Im übrigen hätte ich noch nie von einer Vorgabe gehört, nach der ein Kirchenmusiker sich nicht im Altarraum aufzuhalten habe.

Als sie nicht locker ließ fragte ich sie, wie denn der Organist der Gemeinde das handhabe, schließlich sei ja eine kleine Orgel im Altarraum und um darauf zu spielen müsse er ja wohl diesen betreten.

Einen kurzen Augenblick hatte ich die Mesnerin aus der Fassung gebracht, dann jedoch fiel ihr ein, dass das ja jetzt nur wegen der Christbäume so sei, und dass die Orgel hier eigentlich gar nichts verloren habe und schon bald wieder wegkomme. Außerdem könne ich ja noch auf den Pfarrer warten, aber der würde mir auch nichts anderes sagen, lautete ihre pampige Antwort.

Um nicht die sichtlich angespannten Nerven der Mesnerin noch mehr zu strapazieren, gab ich schließlich nach und platzierte mich am Fuße der Stufen zum Altarraum, also im Kirchenschiff. Nun war ich aber nur mehr einen halben Meter von der ersten Besucherbank entfernt und würde somit den nächsten Angehörigen des Verstorbenen direkt ins Ohr singen und deren Tränen hautnah miterleben.

Immerhin dampfte nun die Mesnerin zufrieden ab und ich sang mich noch ein wenig ein.

Eine Viertelstunde vor Beginn der Beerdigung ging ich in die Sakristei, um mich noch kurz mit dem Pfarrer abzusprechen. Dieser war jedoch noch nicht da und ich versuchte mich möglichst unsichtbar zu machen, um nicht wieder den Zorn der Mesnerin auf mich zu ziehen.

Wenige Minuten später ging die Tür auf.

Noch bevor ich den Pfarrer erblickte, hatte dieser mich erkannt und rief durch die Sakristei:

„Hallo Frau Kühler, das ist ja schön, dass wir uns mal wieder sehen".

Es war der ehemalige Pfarrer meiner Heimatpfarrei, der vor zwei Jahren in diese Gemeinde gewechselt hatte. Ich hatte im ganzen Trubel völlig vergessen, dass er nun Hausherr in dieser Kirche ist.

Nach einer herzlichen Begrüßung, die von der Mesnerin argwöhnisch beäugt wurde, fragte mich der Pfarrer, ob alles in Ordnung sei und ob ich mir einen Platz in der Kirche gesucht habe. Die Kirche und der Altarraum sei ja schließlich groß genug, da könne ich Platz nehmen, wo ich wolle.

Aus dem Augenwinkel heraus konnte ich erkennen, dass die Mesnerin sich nun ihrerseits unsichtbar zu machen versuchte, zeitgleich musste sie aber dem Pfarrer beim Einkleiden helfen.

Ich betonte also, dass ich einen wunderbaren Platz hätte, alles sei hervorragend gelaufen bis jetzt, und wir besprachen den weiteren Ablauf.

Wenige Minuten vor Beginn der Zeremonie betrat ich die Kirche und begab mich auf meinen Platz, der sich nun tatsächlich als suboptimal erwies: da der Verstorbene sehr bekannt und beliebt gewesen war, war die Kirche bis auf den letzten Platz besetzt, so dass die Angehörigen in der ersten Bank sitzen mussten und somit direkt vor mir.

Die erwachsenen Kinder des Verstorbenen waren sichtlich berührt und ließen ihren Tränen freien Lauf.

Die Witwe aber hatte die letzten Wochen wohl eher im Sonnenstudio als zuhause bei ihrem schwerkranken Mann verbracht, sie trug trotz der eisigen Kälte einen ultrakurzen Rock, der ihre makellosen Beine bestens zur Geltung brachte und sie hatte einen dramatischen Hut mit Schleier auf dem Kopf, mit dem sie ihr tadellos geschminktes Gesicht verdeckte, über das keine Träne lief.

In der Ansprache ging der Pfarrer auf die Beliebtheit und die Geselligkeit des Verstorbenen und seiner Gattin ein und man konnte sich bildlich vorstellen, dass diese kein Kind von Traurigkeit waren und das Leben in vollen Zügen genossen hatten.

Nach dem Gottesdienst ging es gemeinsam zur Leichenhalle und zum anschließenden Zug um die Kirche und zum Grab. Glücklicherweise war ich warm genug angezogen, denn die Kirche stand auf einer Anhöhe und der eisige Wind pfiff mit voller Kraft um das Gotteshaus. Überall lag gefrorener Schnee und auf den Wegen war es eisig glatt.

Der Pfarrer und ich nahmen eine kleine Abkürzung, um als Erste am Grab zu sein, denn ich sollte dort noch ein Lied singen.

Die Sargträger schoben den Wagen mit dem Sarg darauf so dicht wie möglich ans Grab, mussten aber auf den letzten Metern den Sarg tragen, da das Gelände zu uneben und der Weg zu schmal war.

Die folgenden Minuten war es mucksmäuschenstill und jeder hielt die Luft an, denn die Sargträger, die alle zur Feier des Tages ihre schönsten Halbschuhe angezogen hatten, mussten den Sarg einen kleinen Berg zwischen den Gräbern hindurch nach unten tragen.

Der erste Träger begann auf dem glatten Weg zu rutschen, konnte aber sogleich wieder Fuß fassen.

Die Sargträger begannen nun flüsternd zu diskutieren, wie sie den Sarg am besten zum Grab bringen konnten, der Weg dorthin war vereist und überaus rutschig.

Mit vereinten Kräften und größtmöglicher Konzentration gelang es ihnen schließlich, den Sarg zentimeterweise in Richtung Grab zu bewegen, mehr rutschend als gehend, ohne dass dieser zu Boden fiel.

Die wartende Trauergemeinde hielt die Luft an, manch einer stellte sich bestimmt schon vor, wie der Sarg polternd zu Boden fallen würde und der Leichnam herauspurzelte.

Am Grab angekommen warteten schon die Angehörigen mit einer Witwe, die zwar mit ihren Stöckelschuhen jeder Tänzerin das Wasser reichen konnte und mit Sicherheit den Schönheitswettbewerb dieser Beerdigung haushoch gewonnen hätte, dafür aber sichtlich ganz erbärmlich fror.

Als sie schließlich wie Espenlaub zitterte, fand sich glücklicherweise ein Mann, der ihr seine quietschgelbe Daunen-Jacke zum Aufwärmen überlassen wollte.

Sie lehnte dankend ab. Da sie aber bereits blaue Lippen hatte, wurde ihr die Jacke einfach übergezogen und sie stand nun wie ein gelber Kanarienvogel zitternd am Grab ihres geliebten Ehemannes.

Allen anderen Gottesdienstbesuchern war ebenso kalt und durch die langwierige Prozedur des Sargtransports hatten alle bereits seit einer Viertelstunde am Grab gewartet, bis endlich der Bestatter das Zeichen zum Niederlassen des Sarges gab und ich mit dem letzten Lied starten konnte.

Meine Stimme zitterte mittlerweile ebenso vor Kälte und da der gelbe Kanarienvogel, also die Witwe, nach den ersten Tönen sich vom Sarg verabschiedete und das Grab verließ, entschied auch ich mich dafür, dass drei der sechs möglichen Strophen bei dieser Eiseskälte wirklich reichen mussten.

Als ich wenig später in der Kirche mein Stage-Piano abbaute, fragte mich die Mesnerin lieblich, woher ich denn den Pfarrer kenne und zeigte sich ganz begeistert über meine musikalischen Künste.

Es wäre doch wunderbar, wenn ich wieder einmal kommen würde zum Singen.

Ich wagte nicht zu fragen, ob ich mich wohl dann im Altarraum platzieren dürfte.

Hochzeitsvorbereitungen
per E-Mail

Nachfolgender E-Mail-Verkehr entstand, nachdem das Brautpaar auf ein persönliches Vorbereitungsgespräch verzichtet hatte. Die Brautleute waren der Meinung, dass dies nicht nötig sei, da es ja nur darum ginge, ein paar Lieder auszusuchen, das könne man auch ganz bequem per E-Mail erledigen. Im Nachhinein betrachtet wäre es vielleicht doch für alle Beteiligten zeitsparender gewesen, sich einfach für zwei Stunden abends zu treffen und die musikalische Gestaltung des Hochzeitsgottesdienstes persönlich zu besprechen.

Hallo Fr. Kühler,

mein Name ist A...
Also, es ist so, dass mein Mann und ich nun endlich vorhaben, kirchlich zu heiraten und der Termin und die Örtlichkeiten stehen bereits, ebenso die Band für die Hochzeit! Nun sind wir seit einigen Wochen auf der Suche nach einer musikalischen Untermalung für unsere kirchliche Trauung. Eine Kollegin hat uns Sie empfohlen und ich habe auch schon einige gute Sachen über

Sie und Ihre Auftritte gehört! Nun wollte ich fragen, ob wir uns vielleicht mal kurz telefonisch unterhalten könnten – falls Sie überhaupt noch am 06.06. um 14.00 Uhr Zeit hätten – wie wir uns das vorstellen würden und wie es bei Ihnen möglich wäre, was Sie kosten würden, wo man sie evtl. bei ähnlicher Aktion anhören könnte usw.! Würde mich sehr freuen, wenn ich baldmöglichst Antwort von Ihnen erhalten würde!

MFG, A.

Liebe Frau A,

Für Ihre Hochzeit am 6.6. hätte ich Zeit und würde sehr gerne die musikalische Gestaltung Ihrer Hochzeit übernehmen.
Auf meiner Homepage haben Sie bestimmt schon ein paar Ideen sehen können und sich ein wenig Gedanken gemacht, in welche Richtung es gehen soll (klassisch oder modern).
Sie können mich gerne telefonisch erreichen, damit wir die Eckdaten schon mal besprechen, für den genauen Ablauf sollten wir uns dann persönlich treffen und in Ruhe auswählen.

Herzliche Grüße, Sonja Kühler

Hallo Fr. Kühler!

Würde mich morgen Vormittag einfach mal bei Ihnen melden! Dann können wir mal drüber sprechen! Hört sich auf alle Fälle schon mal gut an, wenn Sie zu diesem Termin noch frei sind!

MFG, A

Hallo Sonja!?, Fr. Kühler!?,

Entschuldigung, jetzt weiß ich nicht mehr, ob wir beim Sie oder Du waren! Dann lieber erst mal Fr. Kühler! Also, ich weiß nicht, ob Sie sich noch an mich erinnern, wir hatten doch telefoniert und vereinbart, dass ich und mein Mann uns eine Hochzeit von Ihnen anhören und dann entscheiden, ob uns der Rahmen gefällt oder nicht! Wir waren dann im August auf der besagten Hochzeit in Traunstein und es hat uns sehr gut gefallen! Waren sehr schöne Lieder und tolles Klavierspiel! Die Sängerin (wie heißt sie? Ist sie auch aus Altenmarkt?) hat ja eine ganz tolle Stimme und ganz gut gefallen haben uns die Duette! Wirklich schön! Hatten Sie nicht gesagt, dass Sie dort zu viert (glaub ich) auftreten, da es eine Bekannte von Ihnen ist? Wir haben nur Sie und Ihre Kollegin (Sängerin) mitbekommen!

Also wenn es Ihnen reicht, dann würden wir sagen, wir setzen uns mal im Oktober oder November zusammen und besprechen mal, was genau machbar ist! Geht das? So eine Messe dauert ja in der Regel ca. 1–1 1/2 Stunden und ich denke, es sind mehr als 4–5 Lieder, die gesungen werden müssten und natürlich dazwischen Instrumental (zur Gabenbereitung und so weiter!). Also so in dem Stil, wie auf der Hochzeit in Traunstein, vielleicht sogar dann noch mit Gitarre dazu!
Jetzt wird ja erst mal mit Hochzeiten Schluss sein für dieses Jahr, oder?
So, Fragen über Fragen!!! Ich hoffe, es ist nicht zu viel! Über eine baldige Rückmeldung würde ich mich freuen!

Ganz liebe Grüsse, A. mit Familie

Hallo A.,

ich weiß zwar auch nicht mehr, ob wir beim Du oder Sie waren, aber ich geh jetzt einfach mal aufs Du über – schließlich werden wir bis nächstes Jahr noch öfter Kontakt haben ;-).
Bei der Hochzeit in Traunstein waren meine Sängerin und unsere beiden Männer mit dabei (etwas im Hintergrund, deshalb sind sie wohl nicht so aufgefallen;-)).

Meistens treten wir zu dritt auf, damit der Gemeindegesang mit Gitarre noch unterstützt wird, aber wir können
auch gerne nur zu zweit singen. Zu viert geht natürlich
auch, dann kommt halt noch Percussion (Schlagzeug)
dazu. Bei einer Hochzeit hat man 4–5 freie Lieder und
2–3 liturgisch gebundene.

Wenn wir uns im Oktober/November zusammen setzen,
ist das wunderbar, dann haben wir noch genügend Vor-
laufzeit zur Hochzeit.

Wir werden dann gemeinsam den gesamten Plan erstellen, den ihr dann mit dem Pfarrer beim Traugespräch
nochmal durchsprecht.

Als Vorbereitung könntet ihr schon mal die Repertoireliste auf meiner Homepage durchschauen und Euch
vielleicht schon mal Gedanken machen, welche Lieder
Euch gefallen würden.

Herzliche Grüße,
Sonja

Hallo Sonja!

*Ah, ja, das Du hört sich schon viel besser an! Ok, dann
weiß ich Bescheid! Also Deine Sängerin würde bei uns
dann auch singen, oder? Ich denke, Gitarre wär schon
auch klasse dazu!*

Also ich will ehrlich sein, wir sind da wahrscheinlich auch nicht die Einzigen vor einer Hochzeit, die sich mehrere Bands etc. anhören! – und zwar hören wir uns jetzt im September noch eine Sängerin an! Dann entscheiden wir uns, ob wir dann auch wirklich Dich und Deine Leute nehmen werden! Ich hoffe, das ist für Dich in Ordnung!? Oktober/November passt, also wenn wir Euch nehmen, dann meld ich mich einfach Anfang Oktober und dann machen wir was aus, oder?
Bis dahin erst mal vielen lieben Dank für Alles!

Bis dann, LG, A.

Hallo A.,

selbstverständlich geht es in Ordnung, dass Ihr Euch auch noch andere Sänger anhört. Nachdem der Termin nun Eurerseits aber wieder offen gehalten wird, habt Ihr sicher Verständnis, dass ich Euch den Termin nicht mehr reservieren kann. Ich werde Euch aber informieren, wenn ich eine Anfrage für den 6.6. bekomme, so dass ihr Euch dann entscheiden könnt.
Ansonsten freue ich mich, von Euch im Oktober wieder zu hören.

Herzliche Grüße, Sonja

Hallo Sonja!

Ok! Verstehen wir! Wir sind jetzt die nächsten 4 Tage in Urlaub und hoffen natürlich, dass Du da nicht ausgerechnet eine Anfrage bekommst! Es ist so, dass wir am 22.09. noch eine Hörprobe haben und uns dann auch gleich entscheiden werden! Ich gebe Dir dann sofort Bescheid!

Falls sich doch in der Zeit jemand melden sollte und Dich für den 06.06. buchen möchte, sag uns bitte sofort Bescheid und wir entscheiden uns dann auch sofort!!!!
D. h. wir würden Dich dann auf alle Fälle nehmen!
Dich haben wir ja schon gehört und wir wissen, was wir an Euch haben!!!
Falls was im Urlaub sein sollte, kannst Du mich auf dem Handy anrufen! Wäre super!!!
Also dann, ich hoffe es ist nix bis 22.09. und ich würde mich dann auch gleich nochmal melden!

LG und vielen Dank erst mal!

Hallo Sonja,

ich weiß jetzt nicht, ob das jetzt ganz unpassend ist für Dich! Ist mir jetzt eigentlich auch direkt peinlich! Und zwar wegen unserer Hochzeit am 06.06. nächstes Jahr!

Wir haben doch ausgemacht, dass wir uns die andere Sängerin noch anhören und uns dann nochmal zwecks Entscheidung melden!

Jetzt ist es so, dass uns die andere Sängerin wirklich auch gut zusagen würde und wir recht hin und hergerissen sind! Jetzt ist es so, dass wir, wenn wir die andere Sängerin nehmen würden, noch jemanden zur Begleitung – mit der Kirchenorgel – für die Gemeindelieder benötigen würden! Wäre es ganz abwegig für Dich, wenn Du die Orgel spielen würdest und wir nehmen die andere Sängerin mit ihrem Klavierspieler für die Soloparts?

Wenn das für Dich gar nicht in Frage kommt, würde ich es auch verstehen!

LG, A.

Hallo A.,

das ist für mich kein großes Problem, schließlich ist es ja Euer Tag. Bei Gemeindeliedern habt Ihr wahrscheinlich an Lieder aus dem Gotteslob gedacht, es kämen normalerweise auch moderne Lieder in Frage, aber die müssten dann am Klavier begleitet werden und soweit ich das verstehe, hat Eure Sängerin bzw. ihr Begleiter das nicht im Repertoire.

Ihr könnt ja mit der Sängerin die Liedauswahl besprechen und mir dann Bescheid sagen, ich hab kein Problem damit, wenn jemand anderes singt.

Schöne Grüße,
Sonja Kühler

Hallo Sonja,

vielen Dank für die schnelle und positive Rückmeldung!
Ich hab noch gar nicht geschaut, ob es die Lieder, die ich zunächst mal in die engere Auswahl genommen hab, auch im Gotteslob gibt!
Mir würde z. B. recht gut gefallen: „Wo Himmel und Erde" und „Stein ins Wasser" oder so ähnlich! Ich bin aber noch auf der Suche nach schönen, deutschen Liedern, die die Gemeinde mitsingen kann!
Die Sängerin heisst T., ich weiß nicht, ob Du schon mal was von ihr gehört hast!? Die Sängerin würde auch die Lieder mit uns aussuchen, allerdings wäre es wahrscheinlich sinnvoller, sie sucht mit mir die Sololieder und Du mit mir die Gemeindelieder aus!? Vorausgesetzt, Du würdest den Part übernehmen wollen!?
Unsere Sängerin meint, dass es schöner wäre, wenn die Gemeindelieder mit Orgel begleitet werden würden,

damit sich das etwas vom Sologesang abhebt! Deshalb die Frage an Dich als Organistin! Wenn Du natürlich irgendwelche Vorlieben oder Tipps bezüglich der Liedauswahl – für die Gemeindelieder – hättest, dann wär das auch nicht schlecht! Du bist ja da schließlich Profi in solchen Dingen! So 2–3 Lieder mit der Gemeinde wären schon schön!
Die Sängerin würde dann ca. 3–4 Lieder singen, wie zum Beispiel „The Rose", „Angel" oder so!
Was meinst Du dazu?

LG, A.

Hallo A.,

die Lieder, an die Du gedacht hast, sind nicht im Gotteslob. Prinzipiell bin ich flexibel, was die Liedauswahl betrifft, ich möchte Euch aber zu bedenken geben, dass bei modernen Liedern (also Lieder, die nicht im Gotteslob sind) die Gemeinde erfahrungsgemäß kaum mitsingt.
Wenn ich diese Lieder nun auf der Orgel spiele, kann ich zwar mitsingen, singe aber von der Empore aus und mit dem Rücken zum Altarraum. Wenn ich bei einer Hochzeit mit meiner Sängerin spiele, dann stehen wir vorne und singen diese Lieder auch zweistimmig, meist

auch noch mit Gitarrenbegleitung, so dass, auch wenn keiner aus der Gemeinde singt, es sich doch vom Sologesang abhebt und es nicht zu dünn klingt.

Da Ihr die liturgisch freien Lieder ja schon mit Sologesang abgedeckt habt, müssen wir eh die liturgisch gebundenen wie Gloria, Sanctus und Dankgesang wählen, da ist die Auswahl schon kleiner. Bei modernen Liedern würde ich das Gloria, Ehre sei Gott und das Heilig empfehlen, die sind doch ein wenig bekannt, das Danklied könnte dann „Da berühren sich Himmel und Erde" oder „Ins Wasser fällt ein Stein" sein, da ist man thematisch freier.

Bei konventionellen Liedern würde ich Gloria und Heilig aus der Schubert Messe empfehlen und dann „Lobe den Herrn" oder ein anderes Danklied.

Ich empfehle Euch auch, für die Hochzeit ein Liedblatt für die Gemeinde zu machen, in die die Lieder, die mitgesungen werden sollen, auch reingegeben werden.

Viele Grüße, Sonja Kühler

Hallo Sonja,

Also, die Liedauswahl ist ja dann nicht mehr so groß, wie Du schon sagst! Also da müssten wir doch was passendes finden!

Der Pfarrer hat gemeint, dass er das Drucken von Liedheften für sinnlos erachtet, da ja viele gedruckt werden müssen und dann auch wieder weggeworfen werden! Da hat er natürlich schon irgendwo recht! Schön sind so Hefte natürlich schon auch! Die Frage ist, ob man nicht einfach ein Blatt doppelt falten könnte und da dann die 2–3 Lieder, die zu singen sind, draufdruckt!? Der Pfarrer könnte ja zu Beginn der Messe für die Gemeinde mitteilen, dass, sobald die Orgel spielt, die Gemeinde mitsingen soll! Außerdem singt er ja in der Regel auch bei Gemeindeliedern immer mit! Das animiert ja auch!

Vielleicht könnten wir uns da einfach mal kurz zusammen setzen und genaueres besprechen? Würden Dich gerne als Organistin nehmen, also wenn Du es übernehmen möchtest, dann darfst Du Dir den Termin gerne eintragen!

LG, A

Hallo Sonja,

Hab mir jetzt die letzten Wochen den Kopf zerbrochen, über Lieder für unsere Hochzeit! Ist echt sehr schwierig!
Wollte Dich einfach mal um nen Rat fragen!

Also die Sängerin wird 3–4 Lieder singen:

Evtl. „The Rose" oder „Angel" (wahrscheinlich nach der Trauung), „Hallelujah" (evlt. zur Gabenbereitung), „Sag es laut" (Xavier Naidoo) (evtl. Antwortgesang oder was singt man denn beim Antwortgesang?) und „No Frontiers" oder „At your side" von The Corrs (Auszug aus Kirche, wenn die Sängerin das möchte und der Pfarrer auch!!!)

Du hast ja schon gesagt, dass Du auf alle Fälle das Gloria, Heilig und das Danklied spielen müsstest!

Gloria wär super „Gloria, Ehre sei Gott"

Heilig (ist beim Eucharistischen Hochgebet, oder?) Heilig, heilig, heilig – oder Du hast so ein schönes Heilig mit den Kindern am Sonntag gesungen, was war das gleich nochmal?

Für den Dank wär ganz toll, wie Du schon vorgeschlagen hast („Ins Wasser fällt ein Stein", oder auch „da berühren sich Himmel und Erde" - bin ich mir noch nicht ganz schlüssig!)

Aber nun meine eigentlichen Fragen: Spielst Du auch mehr als die 3 Lieder, könntest Du z. B. auch das Einzugslied spielen? Wenn ja, was würdest Du da vorschlagen? Gibts da z. B. nen Favoriten von Dir? Hab bisschen geschaut und da konnte ich oft finden „Kanon in D-Dur" oder „Air Suite Nr. 3" usw.

Wie schauts aus mit Kyrie und Kommunion? Spielt man da auch was, oder eher nicht, und wenn ja, könntest Du dann da evtl. was Instrumentales spielen?

Fragen über Fragen! Entschuldige bitte!

Was hältst Du von den Liedern, die die Sängerin singt?

Du kennst ja auch den Pfarrer und seine Vorlieben bzw. Abneigungen!

Meinst Du, er hat was dagegen?

Wie würdest Du die Lieder, die ich für Dich und die Sängerin vorgesehen hätte, anordnen?

Sind es zu viele Lieder? Ich möchte keine Endloskirche, d. h. 1 bis allerhöchstens 1 1/2 Std. mit Messe!

Ich wäre Dir sehr dankbar, wenn Du meine Gedanken ein bisschen ordnen und in richtige Bahnen lenken könntest, Du bist halt doch einfach Fachfrau und kennst Dich da gut aus!

Ich sag schon mal VIELEN LIEBEN DANK und noch eine schöne Zeit! A.

Hallo Sonja,

hast wahrscheinlich viel um die Ohren und ich will auch nicht lästig erscheinen! Wollte bloß fragen, ob Du meine letzte E-Mail, zwecks Kirchenliederauswahl bekommen hast!?

Wünsch Dir eine schöne Adventszeit!

Liebe Grüße, A.

Zwischenzeitlich telefonierte ich mit der Sängerin, mit der ich schon vorher zusammen musiziert hatte und erfuhr, dass ihr Pianist nicht mehr zur Verfügung stehen würde und ich deshalb auch den Klavierpart übernehmen sollte.

Hallo Sonja,

jetzt bin ichs schon wieder mal, gell!? Hoffe ich bin Dir nicht zu lästig!?
Hast ja wahnsinnig viel um die Ohren gehabt jetzt im Dezember gell, hab Dich schon immer gehört, bzw. gelesen! Hoffe, dass es jetzt im Januar wieder bisschen ruhiger abläuft bei Dir!?
Wollt noch einmal wegen der Liedauswahl nachfragen, was Du davon hältst, hab jetzt nämlich im Januar ein Gespräch mit dem Pfarrer und Du weißt ja, was so bei Hochzeiten gerne gespielt wird bzw. auch was gut ankommt! Und vor allem, was der Pfarrer mag oder nicht mag! Wär super, wenn Du mir das vorher noch einmal sagen könntest, damit ich bei ihm nicht direkt ins Messer lauf!
Also, ich schreib Dir jetzt einfach noch einmal die Lieder und meine Fragen, und wäre lieb von Dir, wenn Du mir ein Statement geben könntest!

1. *Wie schauts denn überhaupt mit der Anzahl an Liedern aus!? Ich möchte keine Endlosmesse von 1 1/2 Std.! (1 Std. reicht, finde ich, mit allem vollkommen!) Wie viele Lieder würdest Du empfehlen und auch spielen wollen?*

2. *Für den Einzug hätte ich gerne ein Orgelspiel gehabt, finde ich super schön! Aber Du würdest ja jetzt nicht mit der Orgel spielen, sondern mit dem Piano, oder? Wenn ja, was für ein Lied würdest Du da empfehlen? Mir hätten sonst so Lieder wie „Kanon in D-Dur“, „Treulich geführt“ von Richard Wagner oder „Air Suite Nr. 3“ oder so was in der Richtung gefallen! (Das wirkt aber wahrscheinlich nur mit Orgel richtig, oder?). Brauchen wir nach dem Einzug auch noch gleich ein Lied für die Gemeinde, oder muss das nicht sein?*

3. *Wie ist es mit dem Kyrie? Müssen wir da auch was singen?*

4. *Beim Gloria, wäre gut „Gloria, Ehre sei Gott“*

5. *Wie schauts aus bei der Lesung/dem Antwortgesang mit „Halleluja“ Sologesang?*

6. *Nach der Trauung würde uns dann „Angel“ oder „The Rose“ gut gefallen (Solo)*

7. *Brauchen wir für die Gabenbereitung auch ein Lied? Vielleicht was Instrumentales?*

8. *Beim Hochgebet kommt dann „Heilig, heilig, heilig“, oder?*

9. *Zur Kommunion wäre sonst auch „The Rose"*
   schön, „Halt mich", „Ich fühl wie Du" oder
   „Liebe ist, ...". Wird das dann zu viel bzw. passt
   da überhaupt eins? (Solo)
10. *Danach kommt ja das Danklied, da würde mir*
    „Da berühren sich Himmel und Erde" gefallen
    (Orgel)
11. *Und zum Auszug wär „At your side" von The*
    Corrs (Solo) schön!

So, was hältst Du davon?
Ist das zu viel, oder würdest Du irgendwo was wegneh-
men und dafür wo anders was einsetzen? Was hältst Du
generell von der Liedauswahl? Spielst Du die über-
haupt alle?
Ich wär Dir sehr dankbar, wenn Du mir da helfen
könntest!!!!!!!! Bin echt ratlos!
Hab mir jetzt noch einmal Gedanken gemacht wegen
dem Wegfall der Orgel durch das Ganze mit dem Pia-
nospieler von der Sängerin! Wär dann nicht schön, die
Gemeindelieder z. B. mit einer Gitarre oder so noch et-
was zu untermalen, damit sich die Solo und Gemeinde-
lieder etwas voneinander unterscheiden?
Hätte nämlich das mit Orgel und Piano sonst schon
sehr gut gefunden (Piano für Solo und Orgel für Ge-
meinde wird Dir dann wahrscheinlich zu viel hin und
her, oder? Find halt den Klang der Orgel – gerade zum
Einzug – immer sehr schön!)

Also, ich hoffe ich war jetzt nicht zu überrumpelnd! Wär echt supi, wenn Du mir dazu ne Rückmeldung geben könntest!

Ganz liebe Grüße, A.

Hallo A.,

Hier noch mal in Kurzform der Ablauf eines Gottesdienstes ...

Die Sololieder vereinbarst Du bitte mit der Sängerin, die restlichen kannst Du so an den Pfarrer weitergeben.

Zwischen Orgel und Klavier zu wechseln geht in der Kirche definitiv nicht, weil ich da ständig durch die Kirche laufen muss und das stört gewaltig!

Für den Einzug such ich was Passendes aus, das ich am Klavier dann spiele, es muss ja eh nicht lang sein, da gleich ein Gemeindelied folgt. Prinzipiell ist die Begleitung der Gemeinde durchs Klavier ausreichend, denn entweder die Gemeinde singt oder sie singt nicht und das liegt dann nicht an der Lautstärke.

Ich kann aber gerne meinen Mann bitten, mit der Gitarre noch zu begleiten, das machen wir oft so, damit es etwas „voluminöser" wird.

Mach Dir nicht zu viele Gedanken über den Gottesdienst, ich hab schon so viele Hochzeiten gespielt, dass ich weiß, was gut ankommt und Euch gefällt und wir werden auch Eure Hochzeit schön gestalten :-)!

Herzliche Grüße, Sonja

Hallo Sonja,

vielen lieben Dank für Deine Mail!
Danke für Deine Auflistung! Ich glaub Dir, dass Ihr das toll hinkriegt! Schließlich habt Ihr ja schon auf zig Hochzeiten gespielt! Ich hab auch nix anderes erwartet! Bin nur so, da ich halt nix übersehen möchte! War jetzt erst wieder auf ner Hochzeit, da war die kirchliche Gestaltung einfach nix! War wie ein Orchester und viel zu viel! Möchte halt, dass es einfach schön wird und passt! Ich brauch dann quasi auch nix mehr mit Euch ausmachen, oder? Das regelt Ihr dann untereinander!? Hab jetzt am 19.01. Gespräch mit dem Pfarrer und soll ich mich dann noch einmal melden? Du hast ja auch gesagt, Du hast Liedtexte etc.!? Bräuchte ja welche für die Kirchenhefte! Die würd ich dann gleich nach dem Gespräch mit dem Pfarrer bearbeiten wollen!
Hab mit meinem Mann gesprochen, zwecks Gitarre! Also wenn Du meinst das braucht es eigentlich nicht, da es so schon schön genug ist, dann lassen wir es weg, wenn Du aber meinst, es würde noch toll dazu passen,

dann würden wir gerne noch eine Gitarre dazu neh-
men! Sagst halt Bescheid!
Wegen der Orgel und Piano, das glaub ich Dir, das
funktioniert natürlich nicht, wenn Ihr unten seid! Aber
wie Du schon sagst, das macht Ihr schon!
DANKE für ALLES!

Hallo Sonja,

also, wir hatten jetzt am Donnerstag das Gespräch mit
dem Pfarrer! War zufrieden mit der Liedauswahl und
Zuordnung! Vielen Dank!!!
Beim Kyrie meinte er, es wäre schöner, wenn wir das
„Herr, erbarme dich unser" singen würden! Außerdem
würde er bei der Gabenbereitung ein Solo und bei der
Kommunion ein Instrumentallied spielen! Kannst Du
das Lied: „Comptine d'un autre été" - Die fabelhafte
Welt der Amélie spielen? Das würde uns für den Instru-
mentalteil SEHR GUT gefallen!
So, dann glaub ich wär´s das eh schon wieder! Lied-
texte für die Gemeindelieder hast DU, oder? Kann ich
mir da mal die entsprechenden Lieder ausleihen, oder
kannst Du mir die per PDF schicken? Dann kann ich
die Liedtexte für die Kirche beginnen zu gestalten!

LG, A.

Hallo Sonja,

Du jetzt bin ichs noch einmal, da Du mir auf meine letzte Mail noch nicht geantwortet hast, geh ich mal davon aus, dass Du schon wieder ganz schön was um die Ohren hast!

Ich hoffe, ich bin nicht zu nervig, aber unsere Hochzeit rückt näher und ich hab irgendwie das Gefühl, etwas tun zu müssen, damit ich dann nicht irgendwann zu spät dran bin und ins Hudeln komme! Ich hoffe, Du kannst das verstehen!!?

Wollte nur von Dir wissen, ob Du Dich mit der Sängerin schon so weit besprochen hast, wie der Ablauf für unsere kirchliche Trauung aussehen wird!? Ich möchte spätestens im März die Kirchenprogramme gestalten, damit ich ein Exemplar dem Pfarrer geben kann, der möchte nämlich noch einmal schwarz auf weiß den genauen Plan sehen und dann natürlich auch für Euch, damit Ihr das überprüfen könnt, ob das alles so stimmt, wie ich das aufgeschrieben hab! Und Anfang April würd ich die gerne dann endgültig drucken, damit ich das Thema abhaken kann!

Was hältst Du denn von dem Lied „die fabelhafte Welt der Amélie"!?

Lg, A.

Hallo A.,

entschuldige, dass ich mich erst jetzt melde, aber unser PC hatte einen hartnäckigen Virus, der alles gelähmt hat.
Das Lied von der „Amélie" kann ich gerne spielen. Die Solostücke könnt ihr selbst noch mit der Sängerin vereinbaren, den Ablauf der Hochzeit hab ich nach den Wünschen vom Pfarrer geändert, bis auf das Kyrie, da hab ich ein passendes modernes gewählt (ist mit dem Pfarrer geklärt). Die Noten für die Gemeindelieder hab ich Dir angehängt, sollte Dir die Qualität zu schlecht sein, dann kannst Du die Lieder leicht auch im Internet finden.

Herzliche Grüße, Sonja

Hallo Sonja,

VIELEN LIEBEN DANK für den Ablauf und die Noten! Mal schaun, falls sie doch zu schlecht sein sollten, dann such ich sie mir im Internet! Kannst Du mir da eine Seite empfehlen? Haben jetzt Mitte März noch einmal Gespräch mit dem Pfarrer und dann schauen wir mal! Ich freu mich schon, wird bestimmt schön mit Euch!

Du, wegen dem, dass Du Dich jetzt länger nicht gemeldet hast, KEIN PROBLEM, ich bin nur etwas nervös und irgendwie hätte ich halt schon alles frühzeitig erledigt, dass ich dann zum Schluss nicht noch so viel hab!

Ich hoffe, Du verstehst das! Aber wir sind trotzdem ja immer noch gut in der Zeit!

Mit der Sängerin hab ich jetzt die letzte Woche auch mal gemailt, sie dachte, dass das Lied von „Amélie" aber schöner wäre zum Schluss, zum Auszug. Zur Kommunion würde sie lieber ein Solostück spielen, da sie sonst befürchtet, dass ihr Sololied zum Auszug, dann kein Auszuglied ist, wenn alle das noch anhören wollen!? Hab ihr gesagt, sie solle das am Besten mit Dir noch besprechen, da Ihr bzw. Du da mehr Ahnung habt, als ich!

Ich denk mir halt, dass das Lied von „Amélie" zu langsam ist für den Auszug und dass etwas Peppigeres, wie ein Sololied von ihr besser passen würde, genau so wie ich denke, dass zur Kommunion das Lied von „Amélie" sehr gut passen würde, aber wie gesagt, ich hab da keine wirkliche Ahnung, was meinst Du?

Find übrigens super, dass Du das Lied von „Amélie" spielen willst!!!!! DANKESCHÖN!!!!

Du, was wir ja noch nicht geklärt haben, was meinst Du denn jetzt wegen Deinem Mann als Gitarrenspieler!? Sollen wir, oder nicht?

So, ich glaub das war´s erst mal wieder!!!!

Ganz liebe Grüße zurück! Schöne Zeit!

Hallo A.,

eine Seite für die Noten kann ich Dir nicht empfehlen, da die Noten ja illegal im Internet sind und auch das Kopieren nicht legal ist, so dass sich das ständig ändert. Prinzipiell ist es mir egal, wann das Lied von Amélie kommt, aber hatte nicht der Pfarrer gesagt, er möchte instrumental während der Kommunion und kein Solo? Ich finde das Stück auch sehr passend während der Kommunion.
Ich würde schon empfehlen, dass wir meinen Mann dazu nehmen, denn wir haben jetzt 5 Lieder mit Gemeinde, die könnte er dann gut mit Gitarre unterstützen.

Viel Spaß beim Liedheft gestalten … ;-), Sonja

Hallo Sonja,

ok, dankeschön, werd schon eine passende Seite finden, wenn´s ist!
Doch, der Pfarrer hat schon gemeint, er hätte zur Kommunion gerne ein Instrumental, aber er äußerte schon auch das Problem, dass das Sololied zum Schluss ja dann unter geht!
Der Pfarrer meinte halt, dass er sonst auch sagen könnte, dass wir das Schlusslied noch anhören bevor

wir rausgehen. Dann bleiben wir halt einfach noch vorne stehen. Dann gehen wir aber halt dann ohne Lied raus, oder könntest Du dann da noch irgendwie, wenn die Sängerin aufhört zu singen, was instrumentales spielen, bis wir draußen sind? (Vielleicht einfach das Sololied halt dann ohne Gesang?)

Was meinst Du?

Ja gut, wenn Du auch meinst, dass wir Deinen Mann noch gut als Untermalung brauchen können, dann gerne! Ich denke auch, dass zumindest für die Gemeindelieder noch etwas dazu schön wäre!

Dankeschön, wird hoffentlich nicht zu schwierig, mit der Gestaltung des Programmhefts, hab sowas ja noch nie gemacht und bin da etwas ahnungslos!

Liebe Grüße, A.

Hallo A.,

hab gerade mit der Sängerin telefoniert und der Plan steht nun fest, sie wird ihn Dir nochmal schicken mit den Liedern, die sie singt.

Hier noch ein Liedblatt eines anderen Paares, da kannst Du ja ein wenig „abspicken".

Viele Grüße, Sonja

Hallo Sonja,

ach toll, das ist ja super!!!! DANKESCHÖN! Passt, wenn der Plan steht, dann kann ich beginnen! Sehr gut, dann warte ich noch auf den Plan von der Sängerin! Danke auch für die Vorlage! Hab auch noch 2–3 andere Heftchen, da kann ich auch noch was rausziehen, hab mir auch schon aus dem Internet bisschen was rausgesucht. Wird schon werden! Andere haben's ja auch hin gekriegt!
Na dann, wir hören uns bestimmt noch einmal, oder? Müssen wir dann noch einmal zuvor was vereinbaren, oder uns treffen, oder sehen wir uns dann erst auf der Hochzeit?
Wollte Dich fragen, ob Du und Dein Mann dann nach der Kirche Lust und Zeit habt, mit uns zu Mittag zu essen? Und noch einmal vielen Dank für Deine ganzen Bemühungen!!!!!

LG, A.

Hallo Sonja,

Du, ich hätte da noch eine Frage! Wie ist das mit den Instrumentalliedern, soll ich die im Kirchenheft nicht benennen?

Denn ansonsten wärs gut, wenn Du mir den Titel des Eingangsliedes noch mailen könntest! Das von der Gabenbereitung „Amélie" weiß ich ja!

Also dann, bis dann!
LG und dankeschön!

Jetzt bin ich's schon wieder mal! Entschuldige bitte! Mich nervt's ja selber schon! Aber es hilft nix, hab jetzt das Kirchenheft gestaltet und bin mit der Kopie von „Heilig" nicht zufrieden.
Die Qualität ist sehr schlecht (Schrift viel zu hell, man kann es kaum lesen!). Ich kann die Version jedoch nicht aufbereiten und finde auch im Netz keinen Text/Noten von diesem Lied!
Könntest Du mir da noch einmal helfen und mir noch eine bessere Qualität des Liedes mailen?

Wär ich Dir wirklich sehr dankbar!!! LG, A.

Hallo A.,

1. Lösung: geschickte Noten aufrufen, auf „Bild" gehen, dann „Auto-Korrektur"

2. Lösung: Gotteslob Nr. 933/2 kopieren

3. Lösung: Notenschreibprogramm – Lied selber abschreiben

VG, Sonja

Hallo Sonja,

Danke!!!

LG, A.

Hallo A.,

bezüglich der Instrumentalstücke setzt man diese normalerweise nicht ins Liedheft (einfach nur „Instrumental" schreiben), es sei denn, es ist was ganz besonderes. Zum Einzug (der ja in eurer Kirche nicht soooo lang ist;-)) werd ich kein allzu langes Stück spielen, sondern eine Improvisation, die dann übergeht ins erste Lied.

Herzliche Grüße, Sonja

Hallo Sonja,

Dankeschön für die Info!
Dann schreib ich in das Kirchenheft einfach Instrumental. Passt!
Hört sich gut an, mit der Improvisation und dem Übergang ins 1. Lied! Da bin ich schon gespannt!
Ja, stimmt, der Gang ist nicht so lange! Aber das macht auch nix!
Vielen lieben Dank erst mal für Eure ganzen Ratschläge, Umstände und Hilfestellungen!
Freu mich schon richtig auf den Tag!
Du, eine Frage hätte ich bloß noch, müssen wir da bei einer Probe von Euch (in der Kirche) mal dabei sein? (Zwecks Einzug und so?) oder ist das nicht erforderlich?

LG, A.

Hallo A.,

Nein, bei der Probe vor der Hochzeit müsst ihr nicht dabei sein.

Lg, Sonja

Hallo Sonja,

Wollte nur nochmal nachfragen, ob mit Samstag alles in Ordnung geht!?

LG, A. mit Familie

Hallo A.,

für Eure Hochzeit am Samstag steht von unserer Seite aus alles.

Herzliche Grüße, Sonja

Dank der wunderbaren, vielleicht etwas zu ausufernden Vorbereitung der Braut lief am Hochzeitstag dann auch alles glatt und es gab keine negativen Überraschungen.

Allerdings wäre die Hochzeitsmusik wohl auch nach einem einfachen zweistündigen Beratungsgespräch geglückt.

Kasualien

Ein wichtiger Bestandteil in der Arbeit eines Kirchenmusikers ist natürlich die musikalische Gestaltung der Kasualien.

Kasualien sind in der christlichen Kirche geistliche Amtshandlungen aus besonderen Anlässen. Praktischerweise haben die wichtigsten Kasualien einen ähnlichen Wortstamm: Taufe, Traufeier und Trauerfeier.

Früher wurden dafür drei Feiern angesetzt, die Familie versammelte sich zuerst zum gemeinsamen Gebet in der Kirche und feierte im Anschluss wahlweise die Taufe des neuen Erdenbürgers, die Hochzeit des Liebespaares oder das plötzliche Ableben der Uroma.

Um den Gang zur Kirche etwas zu rationalisieren, entstand nun vor einiger Zeit die „Traufe", quasi eine Vermählung zwischen Traufeier und Taufe.

Bei der Traufe werden nicht nur die beiden Verliebten zu Mann und Frau sondern auch gleich das gemeinsame Kind getauft. Im Schnelldurchgang entsteht so eine Familie und der Verwaltungsaufwand sowie die Kosten für die Feierlichkeiten werden elegant halbiert.

Tante Edelgunde muss nur einmal eingeladen werden, schenkt dafür aber doppelt, mehr Gewinnmaximierung geht eigentlich nicht.

Oder doch?

Geschickterweise könnte man auch auf die gesundheitliche Lage der Uroma Rücksicht nehmen.

Lässt die Gesundheit zu wünschen übrig setzt man den Termin für die Traufe an. Der folgende mentale Stress wird das Herz der Uroma so strapazieren, dass sie es vorzieht, der Traufe lieber vom Himmel aus zu folgen. Und diesen Gang zum Himmel könnte man praktischerweise am Tag der Traufe vollziehen und aus der Traufe eine Traufefeier umgestalten. Die ganze Verwandtschaft ist schließlich sowieso schon versammelt, der Pfarrer bestellt und das Restaurant für die Feier gebucht. Tante Edelgunde muss nun für drei Feiern nur einmal eingeladen werden und schenkt vor lauter Rührung noch mehr.

Für die neue Familie würden sich die Kosten nochmals reduzieren, so dass den Flitterwochen auf Hawaii nichts mehr im Wege stehen dürfte.

Die Uroma im Himmel hätte dabei sicher ihre Freude beim Zusehen.

Candle in the wind

Die Beerdigung begann eigentlich ganz gewöhnlich mit einer Anfrage.

Mittwoch Nachmittag rief der Bestatter an, um mich als Sängerin für eine Beerdigung am Samstag Vormittag zu engagieren.

Stattfinden sollte diese in einer Kirche, in der ich bis dahin noch nie zuvor gewesen war. An sich nichts Ungewöhnliches, aber die Spannung ist dann etwas höher. Man weiß ja nicht, wie groß die Kirche ist, welche Akustik diese hat, welche Orgel man vorfindet (es gibt durchaus welche, die so scheußlich klingen, dass man sie eigentlich nur mit Gehörschutz ertragen kann) und manch andere Unwägbarkeiten wie etwa die tagesaktuelle Laune des Mesners.

Der Bestatter erklärte mir, dass die Tochter der Verstorbenen Wünsche geäußert hätte und er ihr deshalb meine Repertoireliste mitgegeben hätte, sie würde sich diesbezüglich demnächst bei mir melden.

Am Abend dann rief besagte Tochter der Verstorbenen an.

Bereits nach den ersten, durchaus sehr bestimmten Worten, war klar, dass die Dame eine glasklare Vorstellung vom Ablauf der Beerdigung hatte und ein „Nein" nicht akzeptieren würde.

Sie hatte folgende Wünsche aus meiner umfangreichen Repertoirelisten: So nimm denn meine Hände, Ave Maria, Näher mein Gott zu dir.

An diesem Punkt des Gesprächs freute ich mich bereits auf eine unkomplizierte Allerwelts-Beerdigung, waren doch die drei Wünsche die Top 3 auf jeder Beerdigungshitliste und somit genügend geprobt und selbst im Tiefschlaf fehlerlos singbar. Auch der Begleiter könnte hier kaum etwas zerstören durch etwaige eigenmächtige Interpretationen. Doch weit gefehlt, die resolute Dame holte nur einen Sekundenbruchteil lang Luft, um mir sodann ihre weiteren Wünsche mitzuteilen.

Und hier nahm das Verhängnis seinen Lauf: von meiner zweiten Repertoireliste wünschte sie sich, besser gesagt bestellte die Dame drei Lieder, die zwar ebenso zu meinem Repertoire zählten, das ich selbst um 3 Uhr in der Nacht schmettern konnte, aber es handelte sich wie gesagt um die zweite Liste. Auf dieser fanden sich die modernen Lieder, die normalerweise nicht vom Organisten begleitet werden, sondern die ich selbst am Klavier begleite.

Da in den Kirchen meist kein Klavier vorhanden ist, nehme ich deshalb mein elektronisches Stage-Piano mit. Dieses kann ich zwar in einer Tasche transportieren, mit etwa 30 kg Gewicht ist es allerdings nicht wirklich leicht und in einer Kirche schleppe ich es grundsätzlich nicht auf die Empore, sondern spiele vom Altarraum aus.

Das heißt aber auch, es ist unmöglich, unten am Klavier zu singen und zu spielen und dann von oben, begleitet vom Organisten, das „Ave Maria" zu schmettern, es sei denn man veranstaltet als Sängerin einen kleinen Marathon und rennt nach Bedarf rauf und runter.

Da aber kaum jemand klassische und moderne Literatur mischt und die meisten Kunden auch nicht so beratungsresistent sind wie besagte Dame, ist das selten ein Problem.

Ich versuchte meiner Kundin nun das Problem zu erklären, was aber auf absolut taube Ohren stieß.

Nun gut, dann musste ich den Kompromiss eingehen und die Lieder an der Orgel begleiten. Das tat ich zwar nur mit musikalischem Widerwillen, aber schließlich ist der Kunde ja König.

Und die Königin hatte noch einen Wunsch auf Lager. Am Grab sollte direkt nach der Einsetzung der Urne „Candle in the wind" erklingen und zwar genau mit dem Text, der bei der Beerdigung von Lady Diana gesungen worden war.

Aha, eure Majestät wollte also auch musikalisch noch etwas Glanz und Glamour versprühen.

Von der Vehemenz der Dame eingeschüchtert, wagte ich einen zarten Versuch, ihr zu erklären, dass ich dieses Lied ungern am Grab singe, da ich hier ja a capella, also ohne Begleitung singen musste. Ich fragte sie, ob ich das Lied nicht am Ende des Gottesdienstes in der Kirche singen könnte, das wäre viel passender.

Als am anderen Ende der Leitung keinerlei Reaktion und nur ein Wutanfall ankündigendes Schnauben zu vernehmen war, gab ich meine Einwände aber sofort wieder auf und sagte ihr den Wunsch zu.

Sie wirkte trotzdem etwas skeptisch und betonte, dieses Lied müsse unbedingt sein, sei es doch das absolute Lieblingslied der Verstorbenen gewesen.

Wir verständigten uns also darauf, dass ich all ihre Wünsche umsetzen würde, in Gedanken fügte ich hinzu „alles eine Frage des Preises ...".

Beim Trauergespräch mit dem Pfarrer wollte sie den Ablauf am nächsten Tag mit ihm besprechen und mir diesen dann per E-Mail zukommen lassen.

Der Ablauf kam aber nicht und nach zwei Tagen rief ich die Hinterbliebene an, um vorsichtig nachzufragen.

In vorwurfsvollem Ton meinte sie, die E-Mail schon lange versandt zu haben, aber wenn ich wolle und das müsse ja wohl sein, könne sie ja nochmal eine E-Mail schicken.

Man hätte meinen können, es handle sich hier um einen Staatsakt, bei dem zahlreiche Boten die zu überbringende Nachricht in einer Nacht- und Nebel-Aktion unter Einsatz ihres Lebens mir zukommen lassen sollten.

Die E-Mail kam dann wenig später bei mir an, immerhin einen Tag vor der Beerdigung.

Erfreulicherweise hatte der Pfarrer ihren Vorgaben zugestimmt und keinerlei Änderungswünsche, vermutlich war er im Gespräch mit der Königin erst gar nicht zu Wort gekommen.

Mittlerweile versuchte ich auch vergeblich den Organisten zu erreichen, der mich ja begleiten sollte und mich eigentlich hatte anrufen wollen.

Abends meldete sich dann endlich dessen Ehefrau, die mir völlig aufgelöst erzählte, dass ihr armer Mann ins Krankenhaus gebracht worden wäre und am nächsten Tag nicht spielen könne.

Schluchzend erklärte sie mir in gebrochenem Deutsch, dass ihr Mann auf gar keinen Fall bei der Beerdigung spielen könne, aber da sie ja Klavier studiert habe, könne sie ihn gut ersetzen.

Ich bemitleidete gebührend ihren Mann und zeigte mich erleichtert, dass wenigstens sie mich begleiten könnte. Meine neue Begleiterin war sich aber wohl unsicher ob meiner Professionalität und drängte darauf, am Tag der Beerdigung bereits eine Stunde vor Beginn der Zeremonie zu proben, wohlgemerkt für drei Lieder, die jeder Sänger und jeder Begleiter im Schlaf können muss, alles andere würde ich ja sowieso selbst spielen.

Da ich in besagter Kirche ja noch nie vorher musiziert hatte, fand ich mich deshalb überpünktlich am nächsten Tag ein, um in aller Ruhe schon mal vorab alles zu erkunden.

Ich traf dabei auf die Mesnerin und fragte sie höflich, ob sie mir die Empore schon mal aufsperren würde, dann könne ich mich schon einsingen.

Augenblicklich wurde ich wieder mit der schonungslosen Wahrheit konfrontiert, dass Mesnerinnen und Mesner per se das Hausrecht über „ihre" Kirche haben und dieses immer mal wieder vehement ausüben.

Ihre ruppige Antwort lautete kurz und knackig:

„Ihre Begleiterin hod doch woi an Schlüssel, dann müssn S´ hoid wartn".

Ich bedankte mich also höflich und wartete … und wartete …

Nachdem meine Begleiterin nach 20 Minuten immer noch nicht da war, wagte ich nochmal einen Versuch, erklärte der Mesnerin in nettestem Bittstellertonfall, dass ich jetzt doch SOFORT auf die Empore müsse und ob sie mir nicht doch vielleicht liebenswürdigerweise die Tür zur Empore aufsperren könne.

Ihr Blutdruck schnellte sichtbar in die Höhe und mit einem „do miassn S´ iatz scho wartn, erst wenn ich de Ministranten gholfn hab" brachte sie mich wieder zum Schweigen und ich wartete wieder einmal.

Nach einigen Minuten hatte sich wohl ihr Blutdruck soweit gesenkt, dass sie imstande war, mir den Schlüssel zur Empore zu geben.

Erleichtert schwang ich mich also 15 Minuten vor Beginn der Beerdigung an die Orgel, in der Annahme, dass meine Begleiterin wohl nicht mehr eintreffen werde, vielleicht musste sie ja wieder ihren kranken Mann beweinen, und ich mich deshalb selbst begleiten müsste.

Nach einigen Minuten ging ich nochmals in die Sakristei, ich musste den Ablauf noch mit dem Pfarrer besprechen.

Dieser war erfreulicherweise mit allem einverstanden, allerdings machte ich den kleinen Fehler, die Mesnerin zu fragen ob sie die Nummern der Gemeindelieder am Liedanzeiger bitte einblenden würde.

Daraufhin erntete ich wieder eine ihrer originellen Antworten:

„des is iatz z´spat, des hättn S´ früher sogn miassn".

Warum es fünf Minuten vor Gottesdienstbeginn zu spät sein sollte, eine dreistellige Nummer in ein Kästchen einzugeben und auf den Auslöser zu drücken, wagte ich nicht zu fragen, den Blutdruck der Mesnerin wollte ich nicht unnötig strapazieren.

Justamente als ich wieder oben an der Orgel saß, es waren noch zwei Minuten bis zum Beginn, erschien meine Begleiterin keuchend und jammernd.

Ihr armer Mann liege immer noch im Krankenhaus, er müsse ganz schrecklich leiden und es sei ja alles so schlimm. Nur am Rande: er hatte nichts Tragisches wie etwa eine tödliche Krankheit, sondern nur eine Augenentzündung, von der er, wie ich später erfuhr, auch rasch wieder bestens genesen ist.

Ich gab ihr noch schnell die Noten der drei Lieder, die sie begleiten sollte, allerdings stellte sich heraus, dass sie eines davon nicht kannte. Anscheinend war auch ihr osteuropäisches Klavierstudium nicht von größerem

Erfolg gekrönt, denn sie fühlte sich überfordert, ein einseitiges simples Stück in G-Dur vom Blatt zu spielen.

Kein Problem, ich bin ja multi-tasking-fähig, also begleitete ich mich bei diesem Lied selbst.

Da meine Begleiterin noch völlig aufgewühlt war vom plötzlichen Erkranken ihres Mannes, übernahm ich auch die Begleitung der Gemeindelieder, wobei die singende „Gemeinde" nur aus mir und ein paar eingefleischten Kirchgängern bestand. Alle anderen konnten die Lieder nicht auswendig und dank der überaus zuvorkommenden Mesnerin erfuhr auch sonst keiner die Nummer im Gesangbuch, so dass man hätte mitsingen können.

Im Übrigen hatte sich die Tochter der Verstorbenen ja einen musikalischen Misch-Masch eingebildet, der an der Orgel begleitet nun wirklich nicht zu einem Leckerbissen für die Ohren gezählt werden durfte. Alles in allem zählte dieses Requiem musikalisch definitiv nicht zu den Höhepunkten meiner Kirchenmusikerkarriere. Aber es sollte ja auch noch schlimmer kommen.

Nach dem Schlusssegen setzte ich sogleich zu einem Sprint nach unten an, um der Mesnerin den Schlüssel zurückzubringen und mich zum Altardienst zu gesellen. Ich hatte mit dem Pfarrer vereinbart, mit ihm gemeinsam zum Grab zu gehen und nach dem Herablassen der Urne das gewünschte „Candle in the wind" zu singen.

Gemeinsam mit dem Pfarrer und den Ministranten zog ich also von der Kirche zum Leichenhaus.

Es war ein wunderschöner Tag Ende Mai, einer derer, an denen man gerne zu warm gekleidet ist, weil es morgens noch recht kühl ist. Nun ging es schon auf Mittag zu und die Sonne brannte erbarmungslos vom Himmel, jedes Lüftchen wurde von den Wänden des Friedhofs eingefangen und die dunkle Kleidung wurde zusätzlich zur Heizung.

Nach einem Gebet am Leichenhaus ging es nun gemeinsam mit der Urne der Verstorbenen zur Prozession um die Kirche und dann zum Grab. In der einen Hand hielt ich meine Notenmappe, in der anderen meine Stimmgabel, mit der ich mir den richtigen Anfangston geben wollte.

Nach einem weiteren Gebet des Pfarrers am Grab kam der Bestatter, um die Urne ins Grab zu senken, mein Stichwort zu singen.

Ich schlug also mit der Stimmgabel den Ton an und begann zu singen.

Leider war dies genau zur vollen Stunde, so dass die Kirchenglocken plötzlich zu läuten begannen und meinen Gesang untermalten, genau genommen wohl eher zudeckten.

Ich versuchte vehement, meine Töne richtig zu treffen und meiner Stimme mehr Volumen zu geben, was angesichts der Gewalt einer Kirchenglocke nicht wirklich einfach ist. Pünktlich zum Refrain waren die Glocken mit ihrem Geläut aber fertig und ich schmetterte mein „Candle in the wind" voller Inbrunst.

Noch während ich die zweite Strophe anstimmte, sank plötzlich in der ersten Reihe eine Frau ganz langsam zu Boden, ihr Kreislauf hatte bei dem Wetter wohl versagt.

Instinktiv stellte ich mir die Frage, ob ich denn so schlecht gesungen hätte? Oder etwa so emotional, dass jetzt auch bei mir, wie bei bekannten Popstars, die Fans reihenweise in Ohnmacht fallen?

Glücklicherweise war sofort ein Mann zur Stelle, der hinter der Dame gestanden hatte.

Man legte sie behutsam auf den Boden und hob die Beine an, um den Kreislauf wieder in Schwung zu bringen. Dass man besagter Dame damit leider komplett unter den Rock schauen konnte, hatte dabei wohl keiner bedacht.

So lag nun die leichenblasse Dame mit offener Bekleidung neben dem offenen Grab, der Pfarrer stand mit offenem Mund davor, während der Bestatter nach einem Glas Wasser rief und ich immer noch „Candle in the wind" sang.

Nachdem meine letzten Töne verklungen waren, hatte man die kollabierte Dame wieder soweit stabilisiert, dass sie sitzen konnte und der Pfarrer imstande war, die Beerdigung zu beenden.

Ein kollektives Aufatmen der Trauergemeinde war deutlich zu vernehmen und das anschließende „Amen" zeugte eindeutig davon, dass jeder der Anwesenden sich glücklich schätzte, dieses Grufttheater nun überstanden zu haben.

Zuhause angekommen musste ich mich von dieser Nervenprobe erst einmal gründlich erholen. Beim anschließenden Schreiben der Rechnung stellte ich mir dann doch die Frage, inwiefern sich mein Honorar auch als Schmerzensgeld verrechnen ließ.

In diesem Fall war es jedenfalls hart erarbeitetes Geld, denn auch wenn die ganze Beerdigung skurril bis lustig war, so kostete sie mich doch viele Nerven.

Die Tochter der Verstorbenen rief dann einige Tage später an, um sich für die musikalische Gestaltung zu bedanken mit den Worten „es war schon ganz schön".

Ja vielen Dank auch, eure Majestät!

Zeitmanagement

Manche Hochzeitsvorbereitungen beginnen bilder-buchmäßig und enden doch beinahe im Chaos.

Das nette junge Brautpaar engagierte mich frühzeitig und wir trafen uns zum gemeinsamen Vorbereitungsge-spräch. Die Brautleute hatten eine genaue Vorstellung von der musikalischen Gestaltung ihrer kirchlichen Hochzeit, waren aber nicht beratungsresistent, so dass wir einen rundum gelungenen Ablaufplan erstellen konnten und uns alle auf eine wunderschöne Hochzeit freuen durften. Am Ende des Gespräches fragte ich das Brautpaar noch, wie der übrige Hochzeitstag denn ver-laufen sollte.

Sie erzählten, dass sie nach dem Kirchgang sofort mit dem Schiff auf die Fraueninsel fahren wollten. Den Weg von der Kirche zur Schiffsanlegestelle, der immer-hin gut einen Kilometer betrug, wollte das Brautpaar mit dem Auto zurücklegen, die Gäste sollten ihn zu Fuß bewältigen, da um diese Jahreszeit auch mit vielen Tou-risten zu rechnen sei und man deshalb schlecht einen Parkplatz finden würde. Zeitlich hatte das Brautpaar den Gottesdienst mit einer Stunde kalkuliert, den Weg zum Schiff mit einer Viertelstunde, weitere 10 Minuten später sollte das Schiff ablegen, ein Linienschiff.

Ich erklärte meine Bedenken, ob das nicht zu eng kalkuliert sei und ob es denn nicht möglich wäre, den Gottesdienst vorzuverlegen.

Das sei durchaus möglich, erklärte der Bräutigam, aber man wolle keine Lücke im Plan und sei zuversichtlich, dass das schon so klappen würde wie geplant.

Zudem wolle man, um Kosten zu sparen, den Blumenschmuck der Kirche mit aufs Schiff mitnehmen, das müsse die Floristin halt genau zwischen Ende des Gottesdienstes und der Abfahrt mit dem Schiff bewerkstelligen, aber da sei ja locker eine halbe Stunde Zeit.

Das Brautpaar wirkte so zuversichtlich, dass ich es unterließ, weiter meine Meinung kundzutun, es war ja auch nicht mein Problem.

Am Hochzeitstag strahlte die Sonne, es war ein Traumwetter für jedes Brautpaar und ich freute mich schon auf das sympathische Brautpaar mit dem kleinen acht Monate alten Sohn.

Da das Brautpaar moderne Songs gewählt hatte, baute ich mein Stage-Piano im Altarbereich der Kirche auf, so dass ich einen wunderbaren Blick auf das Brautpaar und die Gäste haben konnte.

Mit dem Pfarrer war der Ablauf schon abgesprochen und die Zeremonie konnte starten, die Gäste befanden sich mittlerweile auch schon in der Kirche.

Kurz sah ich das Brautpaar am Eingang einen Blick hereinwerfen und schon ging der Pfarrer mit den Ministranten nach hinten, um das Brautpaar abzuholen, die

Zeremonie würde also in wenigen Augenblicken begannen.

Und dann wartete die Hochzeitsgesellschaft und wartete und wartete.

Vom Brautpaar fehlte jede Spur, aber auch der Pfarrer samt Ministranten war nicht mehr zu sehen.

Die Gemeinde wurde unruhig und nach zehn Minuten wurde der Trauzeuge losgeschickt um nachzufragen, ob es ein Problem gäbe.

Nach wenigen Minuten kam er wieder und erklärte nur, es würde noch ein wenig dauern.

Was das Brautpaar und der Pfarrer in der Zeit bis zum Beginn der Zeremonie zu tun gedachten, blieb uns ein Rätsel.

Ich mutmaßte, dass der Sohn noch zu stillen sei, andere vermuteten ein Problem mit dem Pfarrer, ganz Kreative unterstellten eine vorgezogene Hochzeitsnacht im benachbarten Hotel.

20 Minuten nach dem anvisierten Beginn des Gottesdienstes ertönte schließlich die Glocke, das Brautpaar zog mit dem Pfarrer ein.

Ich durfte endlich mein Einzugslied singen und der Gottesdienst konnte beginnen.

Der Pfarrer entschuldigte die Verspätung, über die Gründe ließ er uns aber weiter im Unklaren.

Er wusste aber wohl Bescheid über die sehr knappe zeitliche Kalkulation des Tages und bemühte sich, die verlorene Zeit wieder hereinzuholen, indem er doppelt so schnell sprach und auch einen Teil der Predigt einfach wegließ.

Im Schnelldurchgang vermählte er dann das Brautpaar und auch ich ließ ein paar Liedstrophen weg, um das Brautpaar nicht weiter in zeitliche Bedrängnis zu bringen.

Bereits zehn Minuten vor dem Ende des Gottesdienstes sah ich die Floristin die Kirche betreten und je länger der Gottesdienst dauerte, umso unruhiger wurde sie.

Immerhin schafften wir es 15 Minuten vor dem Ablegen des Schiffes, den Gottesdienst zu beenden.

Mit dem ersten Ton meines Auszugstückes machte der Pfarrer in atemberaubender Geschwindigkeit eine Kniebeuge und gab anschließend dem Brautpaar das Zeichen sich umzudrehen und sogleich gemeinsam die Kirche zu verlassen.

Noch während das Brautpaar durch den Mittelgang nach hinten auszog verließen die ersten Gäste bereits die Kirche fluchtartig durch die Seitentür.

Die Floristin raste nach vorne und entfernte die ersten Blumenkränzchen an den Seitenbänken, während ich erst mit der zweiten Strophe meines Auszugsliedes begann, das das Brautpaar eigentlich komplett hatte anhören wollen.

Beim letzten Ton meines Schlussliedes schließlich befand ich mich völlig alleine in der Kirche, die Gäste waren zum Schiff gelaufen und die Blumendeko war auch schon verschwunden.

Einige Tage nach der Hochzeit erhielt ich dann einen Anruf der Braut, die sich überschwänglich für die wunderbare Musik bedankte.

Sie erzählte, dass glücklicherweise alle das Schiff erwischt hätten, auch weil der Kapitän den Fahrplan nicht ganz so genau genommen hatte und auch noch auf die letzten Hochzeitsgäste gewartet hatte.

Leider hatten weder sie noch ihr Mann sehr viel mitbekommen von der Hochzeit. Beide hatten sich einige Tage zuvor einen bösen Magen-Darm-Virus eingefangen, der sie eigentlich ins Bett gezwungen hätte.

Nur mithilfe von starken Medikamenten hatte man sich imstande gesehen, die über Monate geplante Hochzeit überhaupt durchzuziehen.

Dem Bräutigam sei es dann kurz vor dem Gottesdienst plötzlich doch so schlecht gegangen, dass man ihm erneut eine Infusion im benachbarten Hotel hatte geben müssen, deshalb auch die Verzögerung zu Beginn.

Das Brautpaar konnte am Hochzeitstag auch kaum Nahrung zu sich nehmen und wurde rund um die Uhr ärztlich betreut.

Aber es sei trotzdem ein wunderschöner Tag gewesen und auf den Fotos konnte man zugegebenermaßen nichts von der Unpässlichkeit des Brautpaares erkennen.

Wolfram oder Wolfgang

Wieder mal ein Anruf vom Bestatter: eine Beerdigung in der Nachbarstadt stand an, gewünscht waren zwei Gesangsstücke von mir, dazu sollte noch eine Harfenistin spielen.

Die beiden Wunschlieder waren am Klavier zu begleiten, also packte ich am Tag der Beerdigung mein Stage-Piano ins Auto und machte mich auf den Weg.

An der Aussegnungshalle angekommen gab es natürlich mal wieder keinen freien Parkplatz in der Nähe, so dass ich mein Stage-Piano gefühlte zwei Kilometer bis zur Aussegnungshalle schleppen durfte.

Durch meine nicht immer positiven Erfahrungen mit diversen Mesnern bin ich mittlerweile geläutert und frage immer zuerst, wo denn der mir zugedachte Platz in der Halle sei. Nach der Beantwortung dieser Frage weiß man sofort, ob es sich um ein hilfsbereites oder eher schwieriges Exemplar der Gattung Mesner handelt.

Doch, noch bevor der Mesner meine Frage beantwortete, begann er seine Klage über den neuen Pfarrer:

„Warum schicken's eigentlich imma uns de depperten Pfarrer?"

Nachdem ich den neuen Pfarrer bisher noch nicht kennen gelernt hatte, erlaubte ich mir kein Urteil, hörte mir einfach die Ausführungen des Mesners weiter an und wartete höflich darauf, mich weiter vorbereiten zu dürfen.

Währenddessen trudelte dann auch die Harfenistin ein und wir besprachen die Platzanordnung sowie den musikalischen Ablauf der Beerdigung.

Mittlerweile waren es nur noch zehn Minuten bis zum Beginn, die Trauergemeinde wartete bereits in der Aussegnungshalle, aber vom Pfarrer fehlte noch jede Spur.

Nach weiteren fünf Minuten wurden wir schön langsam nervös, der Mesner beruhigte uns aber, es sei normal, dass der Pfarrer kurz vor knapp käme, den Kommentar „des regt mi so auf!" konnte er sich dabei allerdings nicht verkneifen.

Sekunden später erschien die Tochter des Verstorbenen völlig aufgelöst in der Sakristei, der Pfarrer habe sie gerade auf dem Handy angerufen. Er sei noch unterwegs, genau genommen fahre er jetzt erst von zu Hause los und brauche noch einige Zeit, wir sollten aber schon mal alles fertig vorbereiten.

In weiser Voraussicht hatten die Harfenistin und ich eh schon alle musikalischen Teile des Requiems unter uns aufgeteilt und der Mesner hatte alles so weit vorbereitet, dass der Pfarrer nur noch kommen musste und in sein Priestergewand schlüpfen musste, dann konnte die Zeremonie beginnen.

Kurz nachdem die Tochter wieder in die Halle zurückgekehrt war, stürmte ihr Mann in die Sakristei.

Seine Frau habe sich gerade furchtbar aufgeregt, dass man jetzt auf den Pfarrer warten müsse, die Trauergemeinde werde auch schon nervös und unruhig. Es sei eine bodenlose Frechheit, die Angehörigen zu belästigen, es könne doch wohl nicht sein, dass der Mesner kein Handy habe.

Dieser entgegnete, dass er selbstverständlich ein Diensthandy habe und der Pfarrer auch seine Nummer, aber auf Anweisung des Chefs solle das Handy fünf Minuten vor Gottesdienstbeginn ausgeschaltet werden und das sei ja jetzt schon soweit.

Im Hinausgehen hörte ich den Mann der Tochter noch „so ein Sauhaufen" flüstern und ich konnte es ihm wirklich nicht verdenken.

Damit die Situation nicht weiter eskalierte, beschlossen die Harfenistin und ich, mit der Zeremonie einfach musikalisch und ohne Pfarrer zu starten.

Wir betraten also gemeinsam die Leichenhalle und begaben uns auf unsere Plätze, die Gemeinde spähte noch erwartungsvoll zur Tür, denn eigentlich sollte auch der Pfarrer mit uns einziehen.

Tat er aber nicht, er befand sich ja noch irgendwo zwischen seinem Wohnzimmer und der Aussegnungshalle.

Abwechselnd konzertierten wir also passende Musik aus unserem Repertoire, immer mit einem Auge zur Tür, durch die der Pfarrer irgendwann dann doch eintreten sollte.

Ehrlicherweise genossen die Harfenistin und ich die Aufmerksamkeit der Zuhörer, ansonsten waren wir ja oft nur schmuckes Beiwerk, und wir gaben unser Bestes. Unser Repertoire war noch lange nicht erschöpft, der Pfarrer könnte sich also noch Zeit lassen.

Nach einer Viertelstunde endlich geschah das schon fast Unerwartete, die Tür öffnete sich mit Schwung, der Pfarrer trat ein und ein erleichtertes Aufatmen ging durch die Trauergemeinde.

Nun habe ich ja schon viele Pfarrer, Pastoren, Gemeinde- und Pastoralreferenten, Trauerredner, Sektenführer, Gurus und selbsternannte Trauerbegleiterspezialisten erlebt und eines ist immer und jedem klar: eine Beerdigung ist für alle Angehörigen eine Ausnahmesituation, es ist hochemotional und es dürfen einfach keine Fehler passieren.

Dieser Pfarrer jedoch nahm das wohl nicht ganz so ernst.

Weder hielt er es für notwendig, sich für sein Zuspätkommen zu entschuldigen, noch fand er die richtigen Worte, um einen persönlichen Bezug zum Verstorbenen und der Trauergemeinde herzustellen. Es hörte sich auch nicht nach einer Trauerrede an, genau genommen war es nur ein Ablesen der wichtigsten Ereignisse aus dem Leben des Toten. Dazu ein paar salbungsvolle hochtheologisch wirkende Worte, die er wohl aus irgendeiner Doktorarbeit übernommen hatte, das Verständnis hielt sich zumindest bei mir stark in Grenzen.

Entsetzt sah und hörte ich zu, wie er selbst die einfachsten Standardsätze aus seinem Skript ablas, für jeden erlebbar hatte er sich kaum auf diese Beerdigung vorbereitet.

Er hörte sich an, als ob er Beerdigungen im Viertelstundentakt halten würde und gedanklich schon bei der nächsten wäre.

Er polterte „so tragen wir die Urne des Verstorbenen zu seiner letzten Ruhestätte", obwohl er neben dem Sarg des Verstorbenen stand.

Der Verstorbene hieß mal „Wolfgang", mal „Wolfram" und die Tochter, mit der er das Trauergespräch geführt hatte und die direkt vor ihm saß, machte er mal eben zwanzig Jahre älter als sie wirklich war.

Als er dann auch noch den Sterbetag des Verstorbenen um drei Monate zurückdatierte und erklärte, der im September verstorbene werde jetzt, im Dezember, zu Grabe getragen, hielt es die Tochter des Verstorbenen nicht mehr aus und sie korrigierte ihn laut und mit gerade noch zurückgehaltener Wut.

Er sah sie erstaunt an und fuhr ohne mit der Wimper zu zucken mit seinen Ausführungen fort.

Die Harfenistin und ich gaben uns alle Mühe, dem Spektakel trotzdem einen würdevollen Rahmen zu geben.

Bereits mit dem ersten Takt des letzten Musikstückes machte der Pfarrer hastig das Kreuzzeichen und verließ die Kirche in Richtung Friedhof.

Die Trauergemeinde bleib in der Aussegnungshalle sitzen, man wollte, wie vorher vereinbart, in Ruhe nochmal an den Verstorbenen denken und seine Lieblingsmusik dabei hören.

Nach zwei Minuten fiel dem Pfarrer wohl auf, dass er alleine auf dem Friedhof war und so warf er nochmal einen genervten Blick in die Halle und gab den Angehörigen ein energisches Zeichen, doch endlich nach draußen zu kommen.

Nur widerwillig und äußerst zögerlich erhob sich die Trauergemeinde, das Lied war ja eigentlich noch nicht zu Ende.

Die Harfenistin und ich waren fassungslos über das unprofessionelle und emotionslose Verhalten des Pfarrers, wir überlegten ernsthaft, ob wir uns nicht zu Trauerrednerinnen umschulen lassen sollten. So gut wie der heutige Pfarrer hätten wir die Trauerfeier mit Leichtigkeit auch zelebrieren können.

Der Mesner meinte nur „jetzt wissts ihr, wos i den ganzen Dog midmacha muass" und hatte damit unser tiefstes Mitgefühl.

Einige Tage später bekam ich einen Anruf der Angehörigen, die betonten, ohne unser beherztes Dazutun und unsere wunderbare musikalische Untermalung hätte die Trauerfeier wohl im Chaos geendet.

Einige Jahre später hatte die Familie wieder einen Trauerfall zu beklagen.

Die Harfenistin und ich begleiteten auf Wunsch der Familie das Requiem wieder musikalisch, allerdings hatte man im Vorfeld mit großem Bedacht den Zelebranten ausgewählt und so wurde es dieses Mal eine sehr emotionale und persönliche Verabschiedung.

Hochzeit der Schwiegermutter

Normalerweise kümmert sich ja das Brautpaar um die Organisation seiner Hochzeit. Manchmal übernehmen das aber auch Freunde, Wedding-planer oder auch die zukünftige Schwiegermutter.

Ob das immer zum gewünschten Ergebnis führt, sei mal dahingestellt und darf durchaus angezweifelt werden.

Eine freundliche ältere Dame rief an und erklärte, ihr lieber Sohn und dessen Verlobte würden heiraten und sie sei vom Brautpaar beauftragt worden, sich um die musikalischen Details der Trauung zu kümmern. Das Brautpaar sei beruflich stark eingespannt und immer wieder im Ausland, daher würde sie nun alles organisieren.

Diese Erklärung schien mir einleuchtend und ich fragte nach, wie das Brautpaar sich denn die Musik zur Trauung so vorgestellt hätte, ob klassisch oder modern, kleines oder großes Ensemble, Solo- oder Gemeindegesang.

Sie entschied sich sofort für die klassische Variante, etwas anderes käme für sie nicht in Frage.

Vielleicht hätte ich ja zu diesem Zeitpunkt schon stutzig werden sollen und sie sanft darauf hinweisen sollen, dass die Musik doch nicht ihr gefallen müsse, sondern dem Brautpaar. Aber da sie durchklingen ließ, dass sie mit ihrem herzallerliebsten, wundervollen Sohn immer einer Meinung sei, ging ich davon aus, dass er das ebenso sehen würde.

In den nächsten Tagen telefonierten wir also mehrmals, denn die Dame hatte immer wieder andere Vorschläge und entschied sich mal für ein bekanntes Stück von Mozart, dann wieder Vivaldi, oder doch lieber Bach …?

Immer wieder schien der musikalische Ablaufplan fertig gestellt und ich begann zu üben, bis sie mich wieder anrief und doch eine Änderung wollte.

Schließlich erzählte sie mir noch, dass sie dem Brautpaar ihre Pläne zeigen wolle, sobald diese wieder da seien und dann könne man auch erst alles endgültig entscheiden.

Meine Geduld ging schön langsam zu Ende und ich entschied mich, erst zu üben zu beginnen, wenn das Brautpaar seinen Segen zum musikalischen Ablaufplan gegeben hatte.

Der Hochzeitstermin rückte immer näher und ich erkundigte mich bei der Schwiegermutter, wann denn mit einer finalen Planung zu rechnen sei, sie vertröstete mich jedoch mehrere Male, das Brautpaar sei gerade noch in den USA, komme aber in ein paar Tagen und müsse sich dann um die Blumendeko, das Catering und den DJ für die Hochzeitsparty kümmern.

Einige Tage später rief sie mich dann kleinlaut an, sie müsse den Termin nun doch leider für mich absagen, denn die Schwiegertochter habe schon vor langem ein befreundetes Flöten-Ensemble engagiert. Sie habe das nicht gewusst. Man habe wohl aneinander vorbeigeredet, denn die Schwiegertochter sei aus allen Wolken gefallen, als ihre zukünftige Schwiegermutter ihr erzählte, sie habe alles schon fix und fertig geplant. Es sei auch unglücklicherweise zu einem heftigen Disput gekommen, in dessen Folge man der Schwiegermutter erklärt habe, dass sie sich von nun an komplett aus sämtlichen Hochzeitsvorbereitungen herauszuhalten habe.

Die zukünftige Schwiegermutter ließ auch anklingen, dass bei dem Streitgespräch nicht nur laute sondern auch unschöne Worte gefallen waren und man auch den ein oder anderen Tiernamen an sie gerichtet vernehmen konnte. Das finde sie schon sehr undankbar, schließlich habe sie es doch nur gut gemeint, erklärte sie mit weinerlicher Stimme.

Ich spürte bei ihren Ausführungen leichtes Mitleid, wobei ich gar nicht wusste, wer mir mehr leid tat, die zukünftige Schwiegermutter, die sich umsonst die Mühe gemacht hatte, oder die zukünftige Schwiegertochter, die von nun an mit einer Schwiegermutter leben musste, die sich mit Sicherheit auch bei anderen Gelegenheiten gerne einmischte, oder aber der Sohn, der zwischen den Frauen stand und das bestimmt nicht das letzte Mal in seinem Leben.

Die Schwiegermutter klagte ausgiebig ihr Leid und erwartete von mir die Bestätigung, wie schrecklich man ihr doch mitgespielt habe.

Schließlich siegte aber meine Wut, die ich nur schwer zurückhalten konnte und ich wies sie dann doch darauf hin, dass ich ihr nun die Stornokosten in Rechnung stellen müsse für die Reservierung des Hochzeittermins sowie die Vorbereitung und die Übezeit, die ich bis dato schon investiert hatte.

Das sah sie jedoch überhaupt nicht ein, es sei doch nicht ihre Schuld, dass das Brautpaar jetzt plötzlich einen Rückzieher mache.

Meinem Argument, dass es in der Rechtssprechung grundsätzlich so sei, dass derjenige auch die Rechnung zu zahlen habe, der den Auftrag erteilt habe und das sei in diesem Fall nun mal sie, entgegnete sie nichts mehr und verabschiedete sich kleinlaut. Ihre Energie schien aufgebraucht und ich konnte sie förmlich vor mir sehen, wie sie in sich zusammensackte nach dieser Schmach.

Die Hochzeit war für mich somit passé und ich strich den reservierten Termin aus meinem Terminkalender, nicht ohne mir fest vorzunehmen, bei der nächsten Hochzeit nur noch mit dem Brautpaar selbst zu verhandeln oder einen schriftlichen Vertrag mit gesalzenen Stornokosten aufzusetzen.

Zwei Tage später erhielt ich einen Anruf des ortsansässigen Organisten. Er sei für eine Trauung in wenigen

Tagen angefragt worden, habe aber weder Lust noch Zeit, es sei auch nicht viel zu spielen.

Als ich nach Ort und Zeit der Hochzeit fragte stellte sich heraus, dass es sich um dieselbe Hochzeit handelte, für die mich vorher die Schwiegermutter engagiert hatte, jetzt hatte aber der Sohn angefragt.

Ein Flöten-Ensemble solle spielen und die Orgel nur Einzug und Auszug.

Ich erzählte dem Organisten die Vorgeschichte und wir vereinbarten, dass ich spielen würde, dann müsste ich der Schwiegermutter auch keine Stornogebühren in Rechnung stellen.

Sogleich rief ich wie vereinbart den Bräutigam an, um die gewünschten Stücke zu klären.

Seine Mutter hatte ihm aber ihre missglückte Organisation geschildert, so dass er bei der Erwähnung meines Namens erst einmal lang und breit erklärte, warum man mich nicht brauche.

Seine Mutter habe hier völlig eigenwillig gehandelt und seine zukünftige Ehefrau völlig übergangen. Das könne man nicht durchgehen lassen und deshalb würde man auf meine Dienste verzichten, die ja auch nicht vom Brautpaar bestellt worden wären.

Er tat mir jetzt schon leid, eingeklemmt zwischen zwei willensstarken Frauen, gegen die er kaum eine Chance hatte.

Danach erklärte auch ich ihm lang und breit, warum er mich sehr wohl brauche, da ich nun die gewünschte

Organistin sei, die seine Braut ja nun doch eingeplant habe. Und wenn er mich als Organistin nicht wolle, dann habe er keine, so kurz vor der Hochzeit werde er kaum noch jemanden finden.

Das überzeugte ihn dann doch und er entschuldigte sich nochmals für das übereilte Handeln seiner Mutter.

Trotzdem konnte man deutlich spüren, dass er wohl noch länger zwischen seiner zukünftigen Frau und seiner Mutter würde verhandeln müssen, da beide doch renitent ihre Besitzansprüche an ihm anmeldeten.

Letzten Endes übernahm ich bei der Hochzeit schließlich den Orgelpart und das Flötenensemble erfreute die Gesellschaft.

Schwiegermutter und Schwiegertochter würdigten sich keines Blickes, die Schwiegermutter verzog jedoch immer wieder angewidert das Gesicht, sobald die Flötengruppe zu spielen begann, sie war damit wohl alles andere als zufrieden.

Das Brautpaar strahlte und ich freute mich, dass sich die Braut durchgesetzt hatte nach dem Motto „wehret den Anfängen".

Und seit dieser Erfahrung bestehe ich darauf, immer mit dem Brautpaar persönlich zu sprechen und behalte mir vor, bei „Überraschungen" nachzufragen.

Frosch im Hals

Ab Mitte März 2020 stand plötzlich die Welt still, zumindest fühlte es sich für mich so an.

Seit Januar grassierte in China ein bis dato unbekanntes Lungenvirus, im Februar schwappte es schließlich nach Europa und im März sah sich die Regierung aufgrund der explodierenden Infektionszahlen veranlasst, einen bisher einmaligen Lockdown zu verordnen: Schulen und Kitas wurden geschlossen, wer konnte, sollte von Zuhause aus arbeiten und es trat eine Kontaktsperre in Kraft. Das Haus durfte nur verlassen werden zum Arbeiten, zum Einkaufen und für Arztbesuche. Zuwiderhandlungen wurden drastisch bestraft.

Natürlich war auch mein komplettes Berufsleben betroffen, ich hatte quasi Berufsverbot.

Zwei Monate später durften endlich, nach langem Warten und zähen Verhandlungen zwischen den Kirchen und der Regierung wieder Gottesdienste zelebriert werden, mit entsprechendem strengem Hygienekonzept und zahlreichen Auflagen. Eine große Herausforderung für alle Mitarbeiter, aber auch eine Erleichterung, dass wir jetzt endlich wieder einen Gottesdienst zusammen feiern durften. Gesang war nur sehr eingeschränkt erlaubt, aber durch die Maskenpflicht erschien mir ein ausgiebiges Singen auch nicht umsetzbar.

Also wählte ich für den ersten Gottesdienst sorgfältig zwei Gemeindelieder aus, dazu wollte ich selbst noch solistisch singen und ich wollte die Orgel wieder jubilieren lassen. Ich freute mich sehr darauf und bereitete mich vor, als ob ich zu einer Prüfung antreten sollte.

Am Sonntag Vormittag war ich dann nach langen Jahren mal wieder etwas nervös, ich überlegte, wie viele Gläubige den Weg zu uns finden würden und freute mich auch auf altbekannte Gesichter meiner Chorsänger.

Von mehreren Gläubigen hatte ich bereits vorher erfahren, wie sehr ihnen der Gottesdienst gefehlt hatte und wie sehr sie sich wieder darauf freuten, die Orgel und meinen Gesang zu hören.

Aber es war schon ein seltsames Bild von oben in das Kirchenschiff: streng nach Platznummern verteilt saßen maskierte Gläubige, die sich nicht näher als zwei Meter kommen durften, selbst Ehepaare und Familien wurden getrennt platziert, damit der Abstand zu allen anderen zu jeder Zeit gewährleistet war.

Mehrere Ordner sorgten am Eingang dafür, dass jeder Besucher namentlich erfasst wurde, um im Falle einer Ansteckung mit dem Virus die Infektionskette rückverfolgen zu können.

Jeder Gläubige musste seine Hände desinfizieren und wurde auf die verschiedenen Vorgaben hingewiesen.

Bei den geringsten Anzeichen einer Infektion oder eines Schnupfens durfte man die Kirche nicht betreten.

Dann wurde dem Besucher ein Platz zugewiesen, streng nach Plan. Die Plätze wurden von vorne nach hinten aufgefüllt und so durfte keiner dort sitzen, wo er seinen Stammtisch seit Jahren hatte, sondern musste sich dem Befehl des Ordners beugen, so schwer ihm das auch fiel.

Um die Infektionsgefahr zu minimieren, durften keine Gesangbücher ausgeteilt werden. Wer also mitsingen wollte, musste sein eigenes Gotteslob von Zuhause mitbringen oder auswendig singen.

Da vor einigen Jahren ein neues Gotteslob mit komplett neuen Liedern erschienen war, das aber die wenigsten Gläubigen zu Hause hatten, beschränkte ich mich bei der Liedauswahl zumeist auf diejenigen Lieder, die sowohl in dem einen als auch in dem anderen Gesangbuch enthalten sind. Leider gibt es davon nicht viele und diese zählen nicht unbedingt zu den Top Ten der beliebtesten Kirchenmusik.

Alles in allem keine guten Voraussetzungen, um den Gemeindegesang wieder so zu ermöglichen wie vor der Corona-Krise, aber durchaus auch die Chance, neue Ideen zu entwickeln und zu verwirklichen.

Ich hatte das Glück, völlig allein auf der Empore hoch über der Gemeinde zu sein und ich musste ja auch solistisch singen, also durfte ich die Maske abnehmen.

Trotzdem war ich immer noch nervös, denn ich hatte das Gefühl, dass wir mit diesem Neuanfang auch die Weichen stellen könnten und die Möglichkeit hatten, die Gläubigen wieder zu begeistern und für einen weiteren Besuch in unserer Kirche gewinnen zu können oder eben nicht.

Und auch wenn kein Pfarrer es gerne zugibt, so geht heute ein gar nicht mehr so kleiner Teil der Gemeinde wegen der Musik in den Gottesdienst. Eine mit Bedacht gewählte und gut dargebrachte Kirchenmusik kann hier locker eine einschläfernde Predigt wett machen.

Den Gottesdienst begann ich mit einem fulminanten Einspiel, ein Marsch von Mendelssohn ließ die Kirche erklingen und brachte endlich wieder Leben in die alten Kirchenmauern.

Man spürte zum einen die Anspannung und die Unsicherheit aller bei diesem neuartigen Gottesdienst, aber auch die Freude darüber, dass nun ein Stückchen Normalität zurückgekehrt war.

Ich genoss es sehr, endlich wieder in die Tasten hauen zu dürfen und dabei Publikum zu haben, in den Wochen zuvor hatte ich zwar viel Zeit mit Üben verbracht, war aber immer alleine gewesen.

Zum Gloria hatte ich ein gemeinsames Lied gewählt, das allen bekannt sein müsste. Schwungvoll leitete ich das Lied mit einem Vorspiel ein um die Gemeinde zum Singen zu animieren.

Was dann aber folgte, war eigentlich ganz logisch erklärbar, es überraschte mich dennoch: ich hörte mich selbst singen, den Pfarrer, der ja auch ein Mikrofon vor der Nase hatte und sonst praktisch niemanden.

Anstatt 300 lautstarken begeisterten Sängern wie an Weihnachten waren 27 maskenbehangende unsichere Sängerlein anwesend, die von ihrem Nachbarn aufgrund der Abstandsregeln bestenfalls etwas hören konnten, wenn dieser seine Operettenstimme hervorzauberte und im Vollbesitz seiner stimmlichen Kräfte das Gloria durch die Kirche schmetterte.

Leider befand sich wohl genau bei diesem ersten Gottesdienst kein Opernsänger in der Kirche, so dass der Gemeindegesang eher als „mickrig" bezeichnet werden konnte, selbst wenn ich davon ausging, dass unten wesentlich mehr zu hören war als ich auf der Empore vernahm. Aber ich ließ mich nicht davon beirren und versuchte, die Gemeinde so gut wie möglich gesanglich zu unterstützen.

Nun wird wohl jeder Sänger in seiner Ausbildung irgendwann mit dem Satz „die Stimme schläft zwei Stunden länger" konfrontiert. Hat man einen Auftritt, sollte man also mindestens zwei Stunden davor aufstehen, da die Stimme erst dann richtig in Schwung kommt und der Schleim, der sich in der Nacht angesammelt hat, von der Stimme gelöst werden muss.

Als Opernsänger, der naturgemäß nachmittags oder abends Vorstellung hat, ist dies problemlos umzusetzen.

Ein Kirchenmusiker, der immer Sonntag vormittags Gottesdienst und nur wenige Gesangsteile hat, wird diese Regel wohl nur bei den Festgottesdiensten konsequent beherzigen.

Auch ich hatte an diesem Tag keinen Grund gesehen, noch eine halbe Stunde früher aufzustehen als es unbedingt notwendig war, nach fast 30 Jahren und um die 4.000 Orgeldiensten sah ich dazu keine große Veranlassung, ich war ja mittlerweile ein alter Hase im Geschäft.

Kaum hatten wir das Gloria gesungen, war meine Stimme endlich komplett erwacht. Leider stellte ich fest, dass sich in meinem Hals einiges an Schleim in der Nacht angesammelt hatte.

Einem Laien wird das gar nicht auffallen, er hustet ein paar Mal, räuspert sich und schon ist das Problem behoben, das er eigentlich noch nicht mal als Problem empfindet.

Ich aber saß auf meiner Orgelbank und wusste, dass ich in wenigen Minuten solo singen sollte und jetzt einen ganz gewaltigen Frosch im Hals hatte, eher schon eine fette Kröte. Würde ich jetzt aber husten, dann würde womöglich Panik unter den Gottesdienstbesuchern ausbrechen, denn Husten war eines der Anzeichen für den Virus und die Bevölkerung war sehr sensibilisiert darauf.

Ich probierte es mit Schlucken, manchmal führt das schon zum gewünschten Ziel.

Aber der Frosch blieb hartnäckig. Wasser hatte ich keines dabei, ein wenig trinken hätte helfen können.

Also Mittel Nummer drei probiert: ein Kaugummi. Ein Hustenbonbon wäre eigentlich besser gewesen, aber trotz des breitgefächerten Inhaltes meiner Handtasche fand sich natürlich genau heute keines darin.

Das Kauen des Kaugummis führte zwar dazu, dass sich der Schleim in meinem Hals ein wenig lockerte, dafür hatte ich aber das Gefühl, dass ich gerade neuen nachproduzierte und der Frosch nun zu einer ekligen Monsterkröte in meinem Hals mutierte.

Ich schluckte und kaute weiter, während der Pfarrer die Gemeinde mit seiner Predigt zu fesseln versuchte.

Mittlerweile wurde ich panisch und ich versuchte ein wenig zu räuspern, möglichst geräuscharm, um nicht den Anschein zu erwecken, dass ich krank sei.

Mein Standort auf der Orgelempore war dafür natürlich mehr als suboptimal, denn nicht umsonst stehen die Orgel und der Chor auf der Empore, der beste Standort, um den Schall bestmöglich in der Kirche zu verbreiten. Jeder Kiekser, jedes Räuspern und erst recht jedes Husten würde im ganzen Kirchenschiff zu hören sein.

Der Pfarrer beendete seine Predigt, es folgte das Glaubensbekenntnis und die Fürbitten, danach wäre ich an der Reihe, ich hatte also nur mehr wenige Minuten Zeit, mein Problem in den Griff zu bekommen.

Mein Puls beschleunigte sich und ich ärgerte mich über mich selbst, dass ich zu spät aufgestanden war. Vor dem Gottesdienst hätte ich den Frosch problemlos aus meinem Hals befreien können, jetzt machte er mir das Leben schwer. Kurz überlegte ich, ob ich das geplante Gesangsstück nicht einfach durch ein Instrumentalstück ersetzen sollte, das hätte aber das Problem nur verschoben, um das Singen kam ich ja trotzdem nicht herum.

Außerdem hatte ich einige Zeit darauf verwendet, das passende Gesangsstück auszusuchen und zu üben, es passte thematisch genau zu diesem Premierengottesdienst und ich wollte es unbedingt vortragen, so sehr freute ich mich, endlich wieder vor Publikum singen zu dürfen.

Der Frosch musste also verschwinden, ich wusste nur noch nicht genau wie.

Ich schluckte weiterhin, räusperte leise und versuchte mit Bewegungen des Kehlkopfes den Frosch zur Flucht zu animieren. Er aber blieb hartnäckig, vielleicht schlief er ja auch noch oder war einer der ganzen üblen Sorte der Boykottierer.

Die Minuten verrannen wie Stunden und ich hörte schon die Uhr ticken bis zum Beginn meines drohenden Einsatzes.

In meiner Not verschanzte ich mich ins hinterste Eck der Empore in der Hoffnung, dass dort die Akustik weniger gut sein würde und hüstelte mit vorgehaltener Hand vorsichtig und möglichst geräuschlos.

Ich wartete mit gespitzten Ohren, ob ein Schreianfall aus der Gemeinde zu hören war oder mir der Pfarrer über das Mikro den Befehl geben würde, die Kirche sofort zu verlassen. Aber es war nur die abschließende Fürbitte zu hören sowie das kollektive Amen der Gemeinde, das Stichwort für meinen Einsatz.

Der penetrante Frosch aber hatte es sich ziemlich bequem gemacht und wollte partout nicht meinen Hals verlassen, er hatte sich im Gegenteil eher in Panik festgebissen.

Ich sprintete an die Orgel und verfluchte mal wieder meine Berufswahl. Wieso hatte ich nicht einen Bürojob, bei dem es völlig egal war, ob und wie viele Frösche sich gerade in meinem Hals befanden und ihren Weg zum Tümpel nicht mehr fanden.

Aber es half alles nicht. Wenn ich jetzt das Lied präsentieren wollte, dann musste ich sofort beginnen. Das Einspiel registrierte ich ein wenig lauter als ursprünglich geplant um nochmal ausgiebig zu räuspern.

Jetzt schien mir meine Stimme zumindest soweit funktionstüchtig zu sein, dass ich die erste Zeile ohne weitere Zwischenfälle singen könnte.

Den Schlusston der ersten Strophe kürzte ich ab und fügte einen instrumentalen Zwischentakt ein um wieder Zeit zum Schlucken oder Räuspern zu gewinnen.

Mit dieser Taktik schleppte ich mich durch das Lied, von Takt zu Takt hoffte ich, dass meine Stimme nicht doch noch endgültig versagen würde, der Frosch könnte ja urplötzlich beschließen, meinen Hals zu verlassen und sich im Rachenraum quer zu stellen. Ausspucken würde dann einen unschönen Fleck auf der Tastatur hinterlassen. Ich malte mir aus, wie ich den Frosch verschluckte und er es sich schließlich in meinem Magen bequem machte.

Mit allerlei sängerischen Tricks schaffte ich es schließlich, das Lied für mich einigermaßen zufriedenstellend zu präsentieren, was mich mindestens soviel Kraft und Anstrengung kostete wie eine komplette Solo-Arie an Weihnachten.

Den Rest des Gottesdienstes bestritt ich nur mehr mit der Orgel, ein weiteres Gesangsstück strich ich einfach, ich hatte die Nase voll vom Frosch und gönnte ihm sein Dasein in meinem Hals.

Völlig mit den Nerven am Ende und durchgeschwitzt verließ ich nach dem Ende des Gottesdienstes die Kirche.

Draußen erwartete mich schon eine meiner Chorsängerinnen mit einem breiten Grinsen im Gesicht. Sie habe den Gottesdienst sehr genossen, aber mindestens so viel habe sie sich amüsiert über meinen Kampf mit dem Frosch.

Als Sängerin hatte sie sehr schnell bemerkt, was mein Problem war und hatte dann lieber meinen vergeblichen Bemühungen zur Vertreibung des Frosches gelauscht als der Predigt des Pfarrers.

Sie habe zwar Mitleid mit mir gehabt, aber es sei auch ein Beispiel gewesen, zu welch absurden Situationen die Angst vor dem Virus führen würde. Noch vor wenigen Wochen hätte ich kurz gehustet und der Frosch hätte sich verzogen, aber nachdem jetzt Husten ein todbringendes Zeichen sei, hatte sich ein Frosch ungehindert in meinem Hals festsetzen können.

Der Frosch verschwand schließlich doch noch aus meinem Hals. Als ich ihn einfach ignorierte, verzog er sich still und heimlich und den restlichen Tag über hatte ich eine wunderbar freie Stimme, mit der ich problemlos ganze Opernpartien hätte schmettern können.

Ordnerdienst ohne Ende

Während der Corona-Pandemie gab es zahlreiche Vorschriften und Einschränkungen in beinahe allen Bereichen des Lebens.

Zu Beginn der Pandemie waren zwei Monate lang auch Gottesdienste verboten, man wollte Ansammlungen von Menschen vermeiden, um die Ansteckungsgefahr zu minimieren.

Als wieder die ersten Gottesdienste stattfinden durften, waren restriktive Vorgaben genauestens zu erfüllen, ein Schutz- und Hygienekonzept musste erstellt werden und die Namen der teilnehmenden Personen mussten aufgeschrieben werden, um eine mögliche Infektionskette nachvollziehen zu können.

Zwischen den Gemeindemitgliedern musste genügend Abstand gewährleistet sein und jeder hatte sich die Hände am Eingang zu desinfizieren.

Um diese Vorgaben erfüllen zu können war es notwendig, dass die Pfarreien Ordner einsetzten, die am Eingang die Namen der anwesenden Personen notierten, aktuelle Hinweise gaben und dann die Sitzplätze zuteilten.

Für die Ordnerdienste wurden Ehrenamtliche gesucht und Mitarbeiter eingesetzt. Ich bot also an, bei allen Gottesdiensten, bei denen ich Orgeldienst hatte, auch den Ordnerdienst zu übernehmen. Das klappte im Normalfall ohne Probleme, denn ich bereitete meine Noten an der Orgel schon eine halbe Stunde vor Beginn des Gottesdienstes vor, absolvierte dann den Ordnerdienst und verschwand wenige Minuten vor Gottesdienstbeginn auf meine Empore. Zu diesem Zeitpunkt hatten alle Besucher ihre Plätze eingenommen.

An einem normalen Sonntag reichten zwei Ordner völlig aus, um die anfallenden Dienste zu übernehmen. Eine weitere Erleichterung versprach die Anschaffung eines automatischen, sensorgesteuerten Desinfektionsgerätes.

Aber bereits beim ersten Einsatz zeigte sich, dass man doch nicht, wie erhofft, auf einen Ordner verzichten konnte. Die meisten doch älteren Gottesdienstbesucher waren mit dem Umgang des Desinfektionsmittels überfordert. Aufgrund eines Sensors musste man eigentlich nur seine Hand darunter halten und schon spuckte das Gerät eine Portion Desinfektionsmittel aus.

Viele suchten aber erst einmal vergeblich einen Knopf, schoben ihre Hand nur zaghaft unter das Gerät oder drückten von unten kräftig, was das Gerät aber mit konsequenter Verweigerung quittierte. Also musste doch wieder ein Ordner in der Nähe stehen, um den richtigen Gebrauch zu erklären.

Während bisher immer nur Personen aus einem Haushalt in einer Bank sitzen durfte, wurde die Vorschrift nun soweit gelockert, dass der Abstand verkleinert wurde und zwei Haushalte in einer Bank sitzen durften, allerdings mit 1,50 Meter Abstand. Bei einem normalen Sonntagsgottesdienst stellte dies kein Problem dar, da die Kirche nicht voll besetzt war.

Aber nun folgte ein Wochenende mit Festgottesdiensten. Ein Pfarrer, der in der Pfarrei aufgewachsen war hatte sein 40-jähriges Priesterjubiläum und hatte darum gebeten, dies in unserer Kirche feiern zu dürfen.

Passenderweise hatten wir an diesem Wochenende auch Patrozinium, das Fest der Schutzpatronin unserer Kirche, so dass nichts gegen einen gemeinsamen Festgottesdienst sprach.

Um die Platzierung der Gottesdienstbesucher möglichst einfach zu halten beschloss die Pfarrei, den Gottesdienst nur mit Voranmeldung anzubieten. Bereits einige Tage vor dem Festgottesdienst waren beide Gottesdienste nahezu ausgebucht.

Am Samstag sollte bereits ein gemeinsamer Vorabendgottesdienst stattfinden und am Sonntag dann der eigentliche Festgottesdienst zu dem auch weitere Zelebranten hinzukamen.

Musikalisch waren wir immer noch eingeschränkt. Der Kirchenchor, der seit Jahrzehnten am Patrozinium gesungen hatte, durfte bislang nicht proben und schon gar nicht im Gottesdienst singen.

Mit den vier Mädchen meines Jugendensembles hatte ich eine Woche zuvor wieder mit den Proben begonnen, leider hatten zwei am Wochenende aber keine Zeit.

Also blieb nur eine Sängerin übrig, glücklicherweise eine sehr versierte, die auch sofort begeistert zugesagt hatte, mit mir den Gottesdienst zu gestalten.

Wir waren dank einer Zusatzprobe bestens vorbereitet für den anstehenden Gottesdienst und freuten uns auf das gemeinsame Singen, das nach so vielen Wochen der Enthaltsamkeit nun endlich wieder erlaubt war.

Wie mittlerweile jedes Wochenende, war ich wieder zum Ordnerdienst eingeteilt. Dieses Mal aber mit zwei weiteren Kolleginnen, da alle Plätze der Kirche besetzt sein würden.

Am Samstagabend traf ich mich eine Stunde vor Beginn des Gottesdienstes mit meiner Sängerin, wir absolvierten ein paar Einsingübungen, probten noch einmal ein paar Lieder und freuten uns auf den Gottesdienst, den wir mit neuen geistlichen Klängen bereichern wollten.

20 Minuten vor Beginn der Feier stellte ich mich als Ordner an die Kirchentür, begrüßte die Besucher, erklärte den Desinfektionsspender und reichte an den Kollegen weiter, der die Besucher zu ihren Plätzen führte.

Als fünf Minuten vor Beginn des Gottesdienstes die Glocken läuteten, ging ich auf die Empore und bereitete meine Musik vor.

Der Gottesdienst war sehr festlich, meine Sängerin sang wundervoll und ich war selig, dass nun endlich wieder ein kleines Stückchen Normalität einkehren durfte.

Unsere Pfarrsekretärin instruierte mich im Anschluss noch für den Gottesdienst am nächsten Morgen. Es sollte der eigentliche Festgottesdienst sein, mehrere Pfarrer würden kommen und zusammen das Priesterjubiläum ihres Kollegen und unser Patrozinium feiern.

Bereits im Vorfeld hatten sich sehr viele Gottesdienstbesucher angemeldet, so dass nur mehr wenige Plätze für spontane Besucher übrig waren. Es würde also ein wahres Puzzle werden, alle im notwendigen Abstand zu platzieren.

Am nächsten Morgen erschien ich deshalb früh genug, um meine Noten vorzubereiten und die Orgel zu registrieren, gängigerweise kam ich ja erst wenige Minuten vor Gottesdienstbeginn auf die Empore und dann sollte alles gleich parat stehen.

Eine halbe Stunde vor Gottesdienstbeginn fand ich mich im Eingangsbereich der Kirche wieder um, wie üblich meinen Ordnerdienst zu versehen. Meinen beiden Kolleginnen erklärte ich die derzeit geltenden Abstandsregeln und unsere Aufgaben.

Während eine Kollegin am Eingang stand und die Namen aller Besucher notierte, erklärten meine andere Kollegin und ich die Nutzung des Desinfektionsspenders und wiesen die Plätze zu.

Durch die Voranmeldung hatten wir gehofft, die Namensregistrierung zu erleichtern, jeder Gottesdienstteilnehmer war ja bereits erfasst und musste nur noch in der Liste abgehakt werden.

Was wir nicht bedacht hatten war die Tatsache, dass dies wohl für viele Gottesdienstbesucher bedeutete, dass sie nun nicht mehr frühzeitig kommen mussten, sie hatten ja ihren Platz sicher.

Und so erschienen die meisten Gläubigen erst sehr knapp und mussten schon an der Eingangstür anstehen.

Denn natürlich war ein Abhaken der erschienenen Personen schnell erledigt. Allerdings gab es immer wieder Änderungen, mal kam einer nur alleine anstatt zu zweit, eine andere hingegen hatte noch jemanden mitgenommen, dessen Name und Telefonnummer nun aufgeschrieben werden musste. Da wir ausgebucht waren, war dies immer nur in Rücksprache mit den Platzanweisern möglich, denn wir wollten ja niemanden heimschicken, der einen Platz reserviert hatte.

Eigentlich wollten wir überhaupt niemanden heimschicken, auch keine Spontanbesucher, und so versuchten wir das Plätze-Puzzle zu lösen und die Kirche optimal zu nutzen.

Mitunter gab es auch heftige Diskussionen, weil jemand unbedingt an seinem angestammten Platz in der drittletzten Reihe rechts sitzen wollte. Dort hatten wir aber bereits jemand anderen hingesetzt.

Als die Glocken fünf Minuten vor Beginn des Gottesdienstes läuteten, war die Schlange der Besucher noch bis weit hinter die Eingangstür. Wir hatten alle Hände voll zu tun, denn je mehr die Kirche sich füllte, desto weniger Plätze standen zur Verfügung und wir mussten den Überblick behalten bei der Platzzuweisung.

Eigentlich wäre nun der Zeitpunkt gekommen, auf die Empore zu gehen und mich an die Orgel zu schwingen.

Aber genau jetzt kam die Gemeindereferentin und teilte uns mit, dass meine Kollegin dringend kurz in der Sakristei gebraucht werden würde.

Diese meinte zu mir „Passt, oder?", ich erwiderte, dass ich eigentlich gleich nach oben müsste, sie versprach aber, sofort wieder da zu sein und verschwand.

Ich kümmerte mich weiter um die Gottesdienstbesucher, kein leichtes Unterfangen, denn nun war die Schwester des Jubilars gekommen und erwartete selbstverständlich einen besonderen Sitzplatz, am liebsten im Chorgestühl. Den hatte ich aber nicht mehr zu bieten.

Schließlich ließ sie sich doch überzeugen, in der zweiten Bank Platz zu nehmen, neben dem Bürgermeister hatte ich noch einen schmalen freien Platz entdeckt.

Durch die Diskussion hatte sich ein Stau gebildet, etwa 10 Personen warteten nun auf die Platzzuweisung.

Meine Kollegin erschien wieder, ich aber sah gerade in die erwartungsvollen Gesichter eines Ehepaars, das seine Plätze einnehmen wollte. Mittlerweile hatte ich kaum mehr einen Überblick, erspähte jedoch zwei freie Plätze in der dritten Reihe rechts vorne. Um nicht lange erklären zu müssen, wo genau sich die angedachten Sitzplätze befanden, ging ich voran.

Und genau in diesem Augenblick geschah das Unfassbare: die Glocke am Eingang der Sakristei, das Zeichen des Gottesdienstbeginns ertönte.

Das Adrenalin schoss mir ins Blut und ich überlegte nicht lange, was zu tun sei, sondern rannte nach vorne Richtung Altarraum. In der ganzen Coronazeit war der Einzug des Liturgieteams von vorne gewesen und vielleicht konnte ich die ganze Pfarrerschar noch davon abhalten in die Kirche zu marschieren, bevor ich an der Orgel saß.

Im Altarraum saß aber nur die Gemeindereferentin, die mir zuwisperte, dass heute ein großer Einzug von hinten stattfinden sollte.

Wie man mir später erzählte, hatte man sich kurzfristig umentschieden und für einen festlichen Einzug von hinten plädiert.

Dass man sich dafür durch den Stau der noch anstehenden Gottesdienstbesucher zwängen musste, hatte wohl bei der Pfarrerschar keine Zweifel am pünktlichen Beginn des Gottesdienstes ausgelöst.

Ich drehte also auf dem Absatz um und rannte nach hinten, während ich mich einerseits schämte für meinen Fehler, anderseits aber auch zunehmend wütend wurde über die Ignoranz der Pfarrer.

In aller Eile verlor ich mein Ansteckschild, das ich als Ordner getragen hatte, ich hörte es auf den Boden fallen. Die Gemeinde war ja aufgestanden und wartete mucksmäuschenstill auf festliche Klänge der Orgel, stattdessen hörte man nur meine Schritte und das Klirren meines Plastikschildchens.

Ich legte die wenigen Meter bis zum Eingang, die sich wie mehrere Kilometer anfühlten, in ungeahnter Geschwindigkeit zurück, schlitterte um die Kurve und sah in das erstaunte Gesicht meines Chefs.

Mein heftiges Winken und mein halblautes „noch nicht einziehen", versehen mit imaginären 25 Rufezeichen interpretierte er glücklicherweise richtig und gab sofort die Anweisung, einfach stehen zu bleiben und zu warten. Ich pflügte durch die immer noch wartende Menge und begann den Anstieg zur Empore.

Ich bin es ja allein schon berufsbedingt gewohnt, auf der Bühne zu stehen. Das Gefühl, dass man von einer Horde von Mitmenschen angestarrt wird, dass alle auf etwas warten und ich jetzt liefern muss, ist also für mich eigentlich Tagesgeschäft. Dass aber alle im Raum darauf warten, bis ich eine Treppe erklommen habe, nur weil ich vorher nicht früh genug nach oben gegangen bin, war auch für mich eine neue und durchaus unschöne Erfahrung.

Meine Gedanken purzelten in atemberaubender Geschwindigkeit durch mein Hirn. Vom peinlichsten Moment in meiner ganzen Karriere kam ich gedanklich zur fristlosen Kündigung, oder sollte ich mich am besten gleich von der Empore stürzen?

Obwohl ich die 57 Treppenstufen genauestens kenne und nach jahrelangem Training in einer respektablen

Geschwindigkeit bezwingen kann, kam mir jeder Schritt wie eine Bergtour vor. Jede der Holzstufen knarzte und mir war bewusst, dass man jeden meiner Schritte auch im Kirchenschiff würde hören können.

Sicher gab es jemanden, der auch wusste, wie viele Stufen es waren und mitzählte, wann ich denn endlich angekommen wäre?

Ich konnte mir schon bildlich vorstellen, wie eine Oma ihrem Mann zuflüsterte (in Wirklichkeit brüllte sie ihm ins Hörgerät):

„Wos isn, warum spuid denn koana? Soi ma heid vielleicht a so singa? Des hods ja no nia ned gehm! Früha hod da oid Stecke jeden Sondog gspuid, aba seit de Junga do san, is nix mehr wias moi war!"

Mein Treppensprint kam mir wie ein Marathon vor, jeder Schritt war zu viel und ich versuchte nochmals, an Geschwindigkeit zuzulegen, schließlich warteten 80 Gläubige und vier Pfarrer darauf, dass ich der Orgel endlich festliche Töne entlocken würde und der Gottesdienst beginnen konnte.

Auf der letzten der zahlreichen Stufen angekommen, warf ich mich fast gegen die Tür, sie wieder zu schließen ersparte ich mir.

Ich wusste zwar, dass sie dann lautstark ins Schloss fallen würde, aber das war mir zu diesem Zeitpunkt auch schon egal, jede Sekunde zählte und das Schließen der Tür hätte mit Sicherheit wieder zwei lange zusätzliche Sekunden gekostet.

Die Tür fiel also krachend ins Schloss, während ich die letzten beiden Stufen hinauf zur Orgel erklomm.

Zeitgleich sprang ich auf die Orgelbank, drehte mit der linken Hand am Schlüssel für den Orgelmotor und schaltete mit der rechten Hand die Kamera und den Monitor ein, mit deren Hilfe ich nach unten in den Altarraum sehen würde.

Nun galt es noch mit dem Orgelspiel abzuwarten bis der Blasebalg gefüllt war, ansonsten riskiert man ein jämmerliches Aufheulen der Orgel, was nicht minder peinlich gewesen wäre als mein Zuspätkommen.

Ein kurzer Blick nach rechts bestätigte, dass meine Sängerin startklar war. Ich dankte im Geiste dafür, dass ich sie in den letzten Jahren so gut geschult hatte, dass sie wusste, wann ihr Einsatz war und dann parat stehen würde.

Nach wenigen Sekunden begann ich mit einem fulminanten Einspiel und der Gewissheit, dass die Pfarrerschar jetzt nun endlich einziehen konnte, nachdem sie nun so lange gewartet hatte. In Wahrheit war es nicht mal eine Minute gewesen, für mich hatte es sich wie eine Stunde angefühlt.

Mein sagenhafter Sprint forderte aber nun seinen Tribut und ich saß keuchend auf der Orgelbank.

Sofort im Anschluss an mein Einspiel sollte ein Lied folgen, bei dem ich die erste Strophe solistisch singen sollte. Allerdings reichte meine Atemluft gerade so, dass ich nicht sofort von der Orgelbank fiel.

Also beschloss ich, dass die Pfarrer nun so lange gewartet hatten, dass es jetzt auch schon egal sein würde.

Ich verlängerte das Einspiel um gut die Hälfte bis ich endlich wieder genug Luft hatte und mich imstande sah, mehr als zwei zusammenhängende Töne zu singen, ohne nach Luft japsen zu müssen.

Knallrot im Gesicht fühlte ich den Schweiß auf meiner Stirn herunterlaufen und betete nur, dass mir nicht ausgerechnet jetzt ein Tropfen ins Auge laufen würde und mich auch noch zu einem blinden Huhn machte. Irgendwann würde auch meine Professionalität, mit der ich mich bis hierhin gerettet hatte, zu Ende sein. Ich würde wie ein Schüler auf den Tasten herumtappen und der Orgel kaum mehr als ein paar falsch platzierte Misstöne entlocken.

Anscheinend hatte aber das Schicksal beschlossen, dass nun genug sei mit den Scherereien und meine Sängerin und ich präsentierten ohne weitere Zwischenfälle unser Eingangslied.

Nach dem letzten Ton holte ich ein paar Mal tief Luft, um meine Nerven wieder in ein Gleichgewicht zu bringen.

Allmählich kam ich wieder in den Normalzustand und der Gottesdienst wurde zu einem musikalischen Erlebnis für alle Gottesdienstteilnehmer.

Der Dank und Applaus am Ende des Gottesdienst sowie zahlreichen Glückwünsche erhellten diesen dunklen Tag dann doch.

Meinem Chef habe ich sofort nach dem Ende des Gottesdienstes gedankt, er hatte mich ja wenigstens halbwegs gerettet.

Nicht auszudenken, welch Blamage es gewesen wäre, wenn die Priesterschar ohne Orgelmusik eingezogen wäre und dann im Altarraum auf mich hätte warten müssen.

Die Mesnerin entschuldigte sich später bei mir, denn nur durch ihr überaus pünktliches Klingeln hatte der Einzug überhaupt begonnen. Sie hatte schlichtweg nicht darauf geachtet, dass längst noch nicht alle Gottesdienstbesucher ihre Plätze eingenommen hatten und ich noch gar nicht an der Orgel gesessen hatte.

Es waren einfach viele Kleinigkeiten zusammengekommen, die dann zu dieser musikalischen Beinah-Katastrophe geführt hatten. Vielleicht war es aber auch die heilige Margareta, deren Patrozinium wir an diesem Tag gefeiert hatten, die mir mal wieder zeigen wollte, dass ich doch immer nur an einem Ort sein kann und mich nicht teilen kann, auch wenn ich das bisweilen gerne so hätte.

Nachwort

… und was machen Sie sonst so beruflich?

Auf diese Frage habe ich nun eine neue Antwort:

„Ich bin Autorin."

Damit ein Buch entstehen kann ist aber nicht nur viel Schreibarbeit notwendig, sondern man benötigt, vor allem als Erstlingsautorin, auch immer wieder Feedback und Hilfe.

Mein großer Dank gilt daher meiner Lektorin Daniela Brotsack, die mich beratend unterstützt hat, meine Fehler aufgespürt und mich stets motiviert hat.

Die wunderbare Gestaltung des Covers stammt von Christa Tauser, bei der ich mich ebenfalls ganz herzlich bedanken möchte.

Nicht zuletzt meiner Familie habe ich es zu verdanken, dass ich das Projekt „Buch" nach langem Überlegen in die Tat umsetzen konnte. Unzählige Stunden mussten mein Mann und meine Kinder auf mich verzichten. Sie lasen immer wieder Auszüge aus dem Manuskript und diskutierten mit mir über Änderungen und Verbesserungen.

Und natürlich möchte ich mich auch bei den zahlreichen Protagonisten meiner Anekdoten bedanken, die mir all den Stoff erst lieferten und für die viele herrlich schrägen Geschichten den Grundstock bilden.

Sie möchten Sonja Kühler gerne live erleben?

Dann besuchen Sie doch ihr Soloprogramm
„ ... und was machen Sie sonst so beruflich? ",
mit herrlich schrägen Geschichten aus dem Leben
einer Musikerin und passender musikalischer
Untermalung von der Autorin persönlich.

Selbstverständlich können Sie Sonja Kühler auch für
Hochzeiten, Taufen, Beerdigung, Familienfeier,
für ein Konzert oder eine Lesung buchen.

Auf der Homepage www.sonja-kuehler.de finden Sie
Termine und Details sowie die Kontaktinformationen.

Sonja Kühler

kreativ
individuell
professionell